ASSiMiL évasion

LANGUES
ASSiMiL
DE POCHE

Mise en pages : **ASSIMIL France**

ISBN 2-7005-0225-6

La version originale de cet ouvrage est parue en allemand sous le titre **"Portugiesisch Wort für Wort"**, aux éditions Reise Know-How Verlag Peter Rump GmbH, Bielefeld.

ASSIMIL évasion

Le portugais de poche

d'après Jürg Ottinger

adaptation française de Irène Freire-Nunes
et José-Luis De Luna

Illustrations de J.-L. Goussé

ASSIMIL®

B.P. 25
94431 Chennevières-sur-Marne Cedex
FRANCE

Dans sa collection **Évasion**
ASSIMIL vous propose

• Langues de poche

Afrikaans
Allemand
Anglais pour globe-trotters
Basque
Brésilien
Chinois
Créole guadeloupéen
Créole martiniquais
Danois
Espagnol
Français calédonien et kanak
Grec
Hiéroglyphes
Hongrois
Indonésien
Islandais
Italien
Japonais
Malgache
Néerlandais
Norvégien
Ouolof
Polonais
Portugais
Québécois
Russe
Suédois
Tagalog
Tamoul
Tchèque
Turc
Vietnamien

• Sans interdits (Argot)

Américain sans interdits
Anglais sans interdits
Espagnol sans interdits
Argot français pour néerlandophones

• Français à l'usage des étrangers

Français pour anglophones
Français pour germanophones
Français pour hispanophones
Français pour Hongrois
Français pour Italiens
Français pour lusophones
Français pour néerlandophones
Français pour Polonais
Français pour russophones

Les titres indiqués en gras sont parus. Les autres sont en cours de réalisation et paraîtront prochainement. Renseignez-vous auprès de votre libraire.

Les guides "langue de poche" Assimil sont différents !

Vous prenez :

• Une petite dose de **grammaire** (très digeste...). Rassurez-vous, nous avons pris le parti de la simplicité, ne retenant que les règles nécessaires à votre expression et à votre compréhension. Vous y trouverez toutes les structures de base de la langue pour pouvoir former vos propres phrases très rapidement.

• Une bonne pincée de **conversation**, par laquelle nous vous mettons dans des situations que vous serez appelé à rencontrer au cours de votre voyage. Nous vous simplifions le travail en vous donnant une traduction mot à mot – parfois un peu comique, mais bien utile –, qui vous aidera à comprendre plus vite la structure de la phrase. Vous verrez bientôt qu'avec un peu d'habitude, il vous sera facile, en remplaçant certains mots par d'autres (puisés par exemple dans notre lexique), de construire vos propres phrases. L'auteur de cet ouvrage a su choisir les expressions les plus utiles à la vie de tous les jours. La littérature viendra plus tard...

• Un petit coup de pouce supplémentaire : sur les rabats, vous trouverez quelques ingrédients de base : les indications nécessaires pour bien **prononcer**, ainsi que quelques **phrases clés** pour assurer vos premiers contacts.

• Un saupoudrage, réparti au fil des rubriques, de **conseils d'amis** et de tuyaux sur les **coutumes locales** en rapport avec les thèmes abordés. Ces petits renseignements utiles et pratiques vous permettront non seulement d'éviter les mauvaises surprises et les malentendus, mais aussi de mieux comprendre les Portugais et les multiples facettes de cet extraordinaire pays qu'est le Portugal.

• Et puis, en dessert, après une **bibliographie** qui vous indiquera comment élargir vos connaissances, nous vous proposons un double **lexique** français-portugais, portugais-français.

• Enfin, n'oublions pas le petit zeste d'humour, apporté par nos **illustrations**, qui vous permettra d'apprendre avec le sourire.

Un conseil : ne cherchez pas la perfection ! Vos interlocuteurs vous pardonneront volontiers les petites fautes que vous pourriez commettre au début. **Le plus important, c'est d'abandonner vos complexes et d'oser parler.**

Alors maintenant, à vous de jouer !

Notre "langue de poche" Assimil ne prétend pas remplacer un cours de langue, mais si vous investissez un peu de temps dans sa lecture et apprenez quelques phrases, vous pourrez très vite communiquer. Tout sera alors différent, vous vivrez une expérience nouvelle. ***Vous voilà prêt à devenir un peu plus qu'un simple touriste !***

SOMMAIRE

Avant-propos

Vous avez décidé d'aller au Portugal ? Voici un petit guide de conversation qui va vous être des plus utiles durant votre séjour.
Il est évident que si vous avez l'intention de ne vous arrêter que dans des hôtels de luxe où tout le monde parle anglais ou français, et si vous comptez vous limiter à des visites guidées, alors vous n'aurez pas besoin de faire l'effort d'apprendre des rudiments de portugais. Mais si vous voulez vraiment connaître le pays, il vous faut profiter de chaque occasion pour rencontrer des gens. Et c'est en vue de ces échanges qu'il est important que vous ayez quelque notions de la langue. Vous recevrez en retour un accueil bien différent, vous comprendrez mieux ce qui se passe autour de vous – et vous y gagnerez sur tous les plans, pas seulement au niveau linguistique... ! N'hésitez pas à prendre un ton personnel et familier !
Avec les bases linguistiques que vous propose cet ouvrage et juste un peu de bonne volonté, vous serez paré pour découvrir le Portugal et ses habitants.

Le portugais de poche, mode d'emploi

Ce petit guide de conversation est conçu de façon telle qu'on peut l'ouvrir à n'importe quelle page et se débrouiller, grâce à la **traduction mot à mot** (Celle-ci figure en tout petits caractères entre le texte portugais et sa traduction en français courant).
Les premiers chapitres vous présentent la langue elle-même ; vous y apprendrez les premiers mots importants, ceux qui vous serviront de base. La partie suivante, consacrée à la grammaire, vous donne de nombreux exemples qui vous permettront de mieux comprendre la structure de la langue. Vous n'êtes pas obligé de vous plonger à fond dans l'étude de la grammaire ; revenez plutôt aux différents paragraphes au fur et à mesure que vous en ressentez le besoin.

Au départ, nous vous conseillons de vous contenter d'employer le présent. À un moment ou à un autre, vous tomberez sur une forme inconnue. Si, par exemple, vous voulez acheter une bouteille de vin, le marchand vous demandera probablement "**Trouxe a garrafa vazia?**" ou bien simplement "**Trouxe?**" – c'est-à-dire "Avez-vous rapporté une bouteille vide ?". Alors vous pourrez demander : "**Eu não percebo "trouxe", "o que é?**", et le marchand trouvera sans aucun doute une manière pour vous expliquer que **trouxe** vient de **trazer**...

Il ne vous restera plus qu'à trouver un complément d'information dans la partie "grammaire" – verbe irrégulier **trazer**, à la 3e personne du singulier au passé (voir p ...).

Ainsi, la structure de la langue se mettra en place dans votre esprit par petites touches, au rythme de vos besoins. Il en sera de même pour le vocabulaire : alors que chaque chose sera au début une simple **coisa** (chose), le nom exact de chaque objet se mettra progressivement en place dans votre mémoire.

Lorsqu'un enfant étranger commence à aller à l'école au Portugal, la notion de **fazer bem** (bien faire) est très importante pour lui. D'ailleurs, partout où il y a un but à atteindre, grand ou petit, ces deux mots sont bien utiles pour qui ne connaît pas encore bien la langue. Alors, n'hésitez pas, que ce soit pour la réparation d'une voiture, pour faire essuyer une table dans un restaurant, pour faire faire votre lit dans une pension, etc.

Et puis à vous aussi, on peut vous dire (en vous tutoyant): "**Faz bom trabalho!**" (Fais du bon travail !).

Les rabats

Les rabats vous permettent d'avoir rapidement accès aux phrases et aux mots les plus utiles. Vous y trouverez également des éléments importants pour la prononciation, des formules pour poser des questions, des mots pour vous situer dans l'espace et dans le temps.

Les nombres

Pour vous familiariser rapidement avec les nombres, nous vous les donnons en toutes lettres, en bas de page.

Les Portugais

Le Portugal est un petit pays. (Près d'un dixième de la population vit et travaille à l'étranger). C'est un creuset où se fondent ceux qui y ont toujours vécu, ceux qui sont revenus des anciennes colonies, ceux qui sont de retour après avoir travaillé des années à l'étranger, – partout dans le monde –, enfin quelques émigrants venus du Brésil et beaucoup d'étrangers qui ont décidé de s'installer là.

L'ouverture d'esprit est une qualité commune à de nombreux Portugais. Ainsi, ils vous poseront rapidement des questions personnelles qui, chez nous, seraient bien souvent considérées comme déplacées. Cette curiosité se fonde sur un réel intérêt et un désir de participation. Si vous voulez, vous aussi, savoir quelque chose sur le quotidien des Portugais, demandez sans hésiter. Par ailleurs les Portugais sont tellement serviables qu'ils iront souvent jusqu'à vous accompagner pour que vous ne vous perdiez pas en chemin.

Bien que les gestes et attitudes des étrangers soient parfois un mystère pour les Portugais, ils ne réagissent pas par un rejet. Au contraire, ils sont souvent plus tolérants envers les étrangers que nous ne le sommes.

Les Portugais s'expriment de manière très polie. Pour s'adresser à quelqu'un, ils diront: **o senhor / a senhora** (le monsieur / la dame). Ils répondront souvent à une demande **com muito prazer** (avec grand plaisir) et **sempre às ordens** (toujours à votre disposition)...

Sachez que la ponctualité n'est pas de rigueur. À 9 heures, lorsque les bureaux et les administrations ouvrent leurs portes, les employés arrivent petit à petit et prennent le temps de se serrer la main.

Réclamer quelque chose de manière agressive est tout à fait déplacé, même si par exemple une commande met du temps à être honorée – **Paciência, talvez amanhã** (Patience, peut-être demain...).

Les Portugais attachent beaucoup d'importance aux apparences – des vêtements propres, même s'ils sont raccommodés, font partie du savoir-vivre de base requis. Les touristes qui par définition peuvent se payer le voyage et qui arrivent en loques se font particulièrement remarquer.

D'ailleurs les touristes passent toujours pour être riches, ce qui se comprend. Mais les Portugais ne sont pas envieux ni jaloux – ils s'achètent régulièrement des billets de loterie en espérant, avec un peu de chance, passer dans la catégorie des riches.

Prononciation et intonation

Deux seuils à dépasser :

• Se faire comprendre

Pour cela il est très important de placer l'accent tonique au bon endroit.
Le portugais comporte un grand nombre de sons étouffés, soumis à l'accent tonique qui met en relief une syllabe de chaque mot. Les voyelles disparaissent presque et on n'entend distinctement que la voyelle tonique. Ainsi dans **termómetro** (thermomètre), où se détache le **o** ouvert tonique.

• Apprendre à comprendre

Pour cela il faut bien écouter. Bien faire, par exemple, la différence entre **sessenta e seis** (= 66) et **setenta e seis** (= 76), observer les gens quand ils parlent, regarder la télévision aussi souvent que possible et demander aux gens de parler moins vite.

L'intonation, règles principales

Comme nous l'avons vu, chaque mot de plus d'une syllabe comporte une partie plus accentuée. La plupart des mots sont accentués sur l'avant-dernière syllabe : **ca**sa (maison), auto**ca**rro (autobus), ca**mi**sa (chemise). Mais il y en a également beaucoup qui sont accentués sur la dernière syllabe : ho**tel** (hôtel), pen**são** (pension), fa**lar** (parler). Et encore un certain nombre d'autres accentués sur l'antepénultième (avant-avant-dernière syllabe) : ter**mó**metro, pe**tró**leo (pétrole), **úl**timo (dernier).
À l'intérieur d'une phrase, certaines de ces syllabes accentuées "ressortent" davantage et donnent ainsi le rythme de la langue. O último auto**ca**rro para o ho**tel** (le dernier bus pour l'hôtel).

O último autocarro para o hotel

La prononciation, règles principales

Comme nous l'avons vu, les sons sont souvent étouffés pour ne laisser entendre distinctement que la voyelle tonique. Ainsi **professor** (professeur) se dit "prouf'**ssôr**", **amigo** (ami) se dit "a**mi**gou", **pássaro** (oiseau) se dit "**pá**ssarou". Appuyez sans crainte sur la syllabe forte en la prolongeant un peu et surtout atténuez les voyelles qui ne sont pas en gras.
Dans la plupart des mots, c'est l'avant-dernière syllabe qui est accentuée. Dans ceux qui se terminent par *r*, *l*, *i* et *u*, c'est la dernière : **devagar** / deva**gàr** / (lentement), **beber** / be**bér** / (boire), **jornal** / jour**nàl** (journal), **aqui** / a**qui** / (ici), **tabou** / tà**bou** / (tabou). Dans les autres cas, la syllabe tonique est indiquée par un accent graphique, aigü ou circonflexe. Par exemple dans **médico** / **mè**dicou / (médecin), **cântico** / **can**ticou / (cantique), l'accent tombe sur l'antépénultième syllabe. Dans **café** / ca**fè** / (café), **francês** / frin**céch** / (français), il tombe sur la dernière. Et dans **fácil** / **fà**cil/ (facile), **amável** / a**mà**vel / (aimable), il tombe sur l'avant-dernière syllabe malgré le *l* final.

Les voyelles

Vous remarquerez que la même voyelle change de son suivant qu'elle se trouve ou non dans la syllabe forte. Ainsi le premier *a* de **falar** / fa**làr** / (parler) est très atténué et le deuxième est franchement ouvert ; mais les rôles s'inversent lorsque l'accent tonique se déplace : **ele fala** / éle **fà**la / (il parle). Le *e* est muet quand il se trouve en syllabe finale non accentuée. En syllabe tonique, il peut être ouvert ou fermé selon les cas. Exemples **belo** / **bè**lou / (beau) ; **pelo** / **pé**lou / (poil). Le *o* se prononce "ou", sauf en syllabe tonique où, comme le *e*, il peut être ouvert ou fermé. Exemples : **bola** / **bó**la / (balle) ; **poço** / **pô**çou / (puits) ; **curioso** / couri**ô**zou / (curieux).

Les consonnes

c	devant **a**, **o**, **u**, se prononce **k** : **cavalo** (cheval), **conta** (compote), **custo** (coût) devant **e** et **i** se prononce **ss** : **cedo** (tôt), **cinco** (cinq)
ç	devant **a**, **o**, **u** se prononce **ss** : **praça** (place), **almoço** (déjeuner)
ch	se prononce **ch** : **cheque** (chèque)
g	devant **a**, **o**, **u** se prononce **g** : **gato** (chat), **gosto** (goût) devant **e** et **i** se prononce **j** : **gelo** (glace), **girar** (tourner)
h	ne se prononce pas : **hora** (heure)
j	se prononce comme en français : **janela** (fenêtre), **jovem** (jeune)
lh	n'a pas d'équivalent exact en français ; le son le plus proche est **-ll'** : **velha** (vieille), **palha** (paille)
m	à la fin des mots, sert à nasaliser la voyelle : **homem** (homme)
nh	se prononce **gn** : **vinho** (vin)
qu	utilisé avant **e** et **i**, se lit **k** : **que** (que), **quilo** (kilo) avant **a**, se lit **kw** : **qual** (quel), **quadro** (cadre, tableau)
x	selon les mots se prononce **ch** : **xadrez** (échecs) **ss** : **próximo** (prochain) **kss** : **táxi** (taxi)
z	avant une voyelle, se prononce **z** : **zero** (zéro), **dizer** (dire) à la fin d'un mot se prononce **ch** : **voz** (voix), **paz** (paix)

Le langage du corps

Il tient une place importante dans la manière de s'exprimer et de communiquer. Certains gestes remplacent d'ailleurs tout simplement les mots.

Par exemple :

• Si quelqu'un se touche le lobe de l'oreille tout en mettant sa bouche en pointe et en ouvrant grands les yeux, cela signifie qu'il est particulièrement satisfait.

• Si au contraire quelqu'un secoue son index ou son petit doigt comme pour le faire s'éloigner, c'est qu'il n'est pas d'accord avec quelque chose. Ce geste peut s'accompagner de l'exclamation "querias" (tu voudrais !)...

Quelques mots qui vous aideront

Onde é?	Où se trouve ?

Question fondamentale pour pouvoir s'orienter en pays inconnu et faire face aux besoins du quotidien !

Onde é o hotel?	Où est l'hôtel ?
Onde é que há um hotel?	Où est-ce qu'il y a un hôtel ?
Onde é a casa de banho? / o toilette?	Où sont les toilettes ?
Onde é que há uma farmácia?	Où est-ce qu'il y a une pharmacie ?
Onde é a rua da Rosa?	Où est la rue da Rosa ?

Há?	Est-ce qu'il y a... ?

Há pão?	Est-ce qu'il y a du pain ?
Há chá?	Est-ce qu'il y a du thé ?
Que há para comer?	Qu'est-ce qu'il y a à manger ?

Quero...	Je veux...

Quero uma cerveja.	Je veux une bière.
Quero um quarto.	Je veux une chambre.
Quero um bilhete para Évora.	Je veux un billet pour Évora.

Quanto custa?	Combien ça coûte ?
Quanto custa isto?	Combien coûte ceci ?
Quanto custa o quarto?	Combien coûte la chambre ?
Quanto custa o quilo?	Combien coûte le kilo ?

Pois, pois

Vous entendrez souvent dans la conversation cette forme d'aquiescement : **Pois, pois** équivaut à "oui, oui", "bien sûr" !
Pour répondre affirmativement à une demande ou à une question, on peut vous dire **sim, senhor** / **sim, senhora**. On peut aussi confirmer quelque chose en reprenant simplement le verbe. Exemples : **É aqui o hotel?** (C'est ici l'hôtel ?) **É, é**. (c'est, c'est), ce qui revient à dire "Oui, oui".

GRAMMAIRE

Les pages que vous venez de lire vous ont donné les tout premiers rudiments de la langue. Mais pour former de véritables phrases, vous devrez avoir quelques notions supplémentaires dans trois domaines :

1. Le vocabulaire

Vous trouverez en fin d'ouvrage un double lexique d'environ 1 000 mots, ce qui est en principe amplement suffisant pour la conversation de tous les jours. Ceci dit, rien ne vous empêche de glisser, en plus, un petit dictionnaire dans vos bagages.

2. Les diverses formes des mots

Comme en français, les terminaisons peuvent varier et modifier le sens des mots. Le pluriel, par exemple, est généralement matérialisé par un s. Dans ce livre, nous ne vous indiquons cependant pas toutes les formes possibles pour chaque mot, car le débutant que vous êtes encore risquerait de se trouver quelque peu dérouté.

Pour ce qui est des verbes, nous avons fait le choix de ne vous expliquer en détail que l'un des temps. Une fois sur place, nul n'attendra de vous que vous vous exprimiez en portugais parfait. Le plus important sera de vous faire comprendre aussi facilement que possible. Notre objectif est de vous y aider, et ce principe s'applique d'ailleurs à tous les ouvrages de la collection *Langues de poche Assimil*.

3. L'ordre des mots

L'ordre des mots dans une phrase est très proche du français et ne devrait pas vous poser de problème. Nous nous contenterons donc de vous donner les principales règles. De plus, vous trouverez sous la plupart des phrases la traduction mot à mot (en petits caractères), qui vous aidera à mieux comprendre.

Les noms communs

Les genres

Comme en français, il y a en portugais des noms masculins et des noms féminins. Il est facile, en observant la terminaison des mots, d'en connaître le genre. Pour vous faciliter les choses, nous vous indiquerons – si nécessaire – le genre et le nombre de la façon suivante : **m** pour le masculin, **f** pour le féminin, et **pl** pour le pluriel.

Les articles

À la différence du français, l'article portugais marque les deux genres au singulier et au pluriel :

Articles définis	*masculin*	*féminin*
singulier	**o** (le)	**a** (la)
pluriel	**os** (les)	**as** (les)

Articles indéfinis		
singulier	**um** (un)	**uma** (une)
pluriel	**uns** (des)	**umas** (des)

Remarque : l'article indéfini ne s'utilise au pluriel que dans certains cas où il correspondrait plutôt à "quelques". Exemple : **livros** = des livres ; **uns livros** = quelques livres.

Les noms masculins

o barco	le bateau
os barcos	les bateaux
um barco	un bateau
(uns) barcos	des bateaux

Les mots masculins se terminent le plus souvent par **o**, mais il y a d'autres possibilités, comme **or**, **ês**, **ão**. Exemples : **o senhor** (le monsieur), **o burguês** (le bourgeois), **o patrão** (le patron).

Les noms féminins

Ils se terminent le plus souvent par **a**, mais il y a d'autres possibilités :

a praia	la plage
as praias	les plages
uma praia	une plage
(umas) praias	des plages

Si la plupart des mots terminés par **a** sont féminins, il y a toutefois quelques exceptions : **dia** (jour), **planeta** (planète), **poeta** (poète), **problema** (problème), **clima** (climat), **poema** (poème) sont masculins. D'autres sont communs aux deux genres : **artista** (artiste), **pianista** (pianiste), **esteta** (esthète). La plupart des mots en **agem** sont féminins, sauf quelques exceptions comme **pagem** (page).

Les mots terminés par **r** ou **s** au masculin prennent un **a** pour former le féminin :
senhor – **senhora**, **burguês** – **burguesa**.

Les mots en **ão** forment leur féminin de diverses façons :
ão – **oa** : **leão** (lion) – **leoa** (lionne), **patrão** (patron) – **patroa** (patronne).
ão – **ã** : **irmão** (frère) – **irmã** (sœur), **Alemão** (Allemand) – **Alemã** (allemande).

Le pluriel

La règle générale pour la formation du pluriel est, comme en français, d'ajouter un **-s** au singulier.
Les mots terminés par **r**, **s**, **z** forment leur pluriel en **es** : **doutor** (docteur) – **doutores**, **inglês** (anglais) – **ingleses**, **rapaz** (garçon) – **rapazes**.

Les mots en **em** changent le **m** en **n** : **o homem** (l'homme) – **os homens** ; **a viagem** (le voyage) – **as viagens**.

Quelques mots en s restent invariables : **o lápis** (le crayon) – **os lápis**, **o pires** (la soucoupe) – **os pires**.

Les mots en **l** changent le **l** en **is** : **o jornal** – **os jornais** ; **o papel** (le papier) – **os papéis**, **o lençol** (le drap) – **os lençóis** ; **azul** – **azuis**. Sauf dans le cas de **il** qui donne **eis** pour les mots graves et **is** pour les mots aigüs : **fácil** – **fáceis**, **funil** (entonnoir) – **funis**.

Restent les mots en **ão** qui forment leur pluriel de trois façons :

- **ão** – **ões** : **botão** (bouton) – **botões** ; **milhão** (million) – **milhões**. Ce sont les plus nombreux.
- **ão** – **ães** : **cão** (chien) – **cães** ; **pão** (pain) – **pães**.
- **ão** – **ãos** : **mão** (main) – **mãos** ; **irmão** (frère) – **irmãos**.

Prépositions et articles

Les principales prépositions sont : **a** (à), **até** (jusque), **com** (avec), **contra** (contre), **de** (de), **desde** (depuis), **em** (en), **entre** (entre, parmi), **para** (pour), **por** (par). Les prépositions **a**, **de**, **em** se contractent avec les articles : **ao** (au), **à** (à la), **aos**, **às** (aux), **do** (du), **da** (de la), **dos**, **das** (des), **no** (au, dans le), **na** (à la, dans la), **nos**, **nas** (aux, dans les).

o pai	le père	**a água**	l'eau
ao pai	au père	**à água**	à l'eau
a + o = o		**a + a = à**	

o mar	la mer	**a casa**	la maison
do mar	de la mer	**da casa**	de la maison
de + o = do		**de + a = da**	

o copo	le verre	**a caixa**	la boîte
no copo	dans le verre	**na caixa**	dans la boîte
em + o = no		**em + a = na**	

Les adjectifs

Les adjectifs s'accordent en genre et en nombre avec le nom auquel ils se rapportent.

Adjectifs en -o / -a

Leur genre ressort clairement de leur terminaison (**-o** pour le masculin, **-a** pour le féminin). Au pluriel, il suffit d'ajouter **-s**.

o livro pequeno	**os livros pequenos**
le livre petit	les livres petits
le petit livre	les petits livres

o livro pequeno

a casa bonita	**as casas bonitas**
la maison jolie	les maisons jolies
la jolie maison	les jolies maisons

Comme vous pouvez le constater, l'adjectif se place habituellement après le nom.
Il arrive que le sens ne soit pas tout à fait le même selon la place qu'il prend.

um velho amigo	un vieil ami (de longue date)
um amigo velho	un ami vieux (âgé)

Adjectifs qui ont la même forme au masculin et au féminin

Ils forment leur pluriel de la même façon que les noms :

o vestido azul	**os vestidos azuis**
la robe bleue	les robes bleues
a camisa azul	**as camisas azuis**
la chemise bleue	les chemises bleues

Comme vous le constatez, les adjectifs sont généralement placés derrière le nom. Il existe cependant quelques cas où ils peuvent se placer devant. Exemples :

grande	grand
um grande actor	un grand acteur
primeiro	premier
primeiro andar	premier étage
último	dernier
último dia	dernier jour
algum	quelque
algum tempo	quelque temps
nenhum	aucun
nenhum homem	aucun homme
bom	bon
bom tempo	bon temps
mau	mauvais
mau hábito	mauvaise habitude

Les adverbes

La grande majorité des adverbes de manière se forment en ajoutant à l'adjectif le sufixe **-mente** :

o comboio rápido	le train rapide
o comboio anda rapidamente.	le train avance rapidement.

Pourtant il faut tenir compte d'un certain nombre de formes telles que :

assim	ainsi
bem	bien
mal	mal
depressa	vite
devagar	lentement

Eu quero assim.	Je veux comme ça.
O bom vinho cheira bem.	Le bon vin sent bon.
O mau rapaz porta-se mal.	Le mauvais garçon se conduit mal.
O comboio rápido anda depressa.	Le train rapide avance vite.
O homem lento anda devagar.	L'homme lent marche lentement.

Quelques adverbes de temps :

Ontem	hier
Hoje	aujourd'hui
Amanhã	demain
Agora	maintenant
Logo	tout à l'heure
Antes	avant
Depois	après

Quelques adverbes de lieu :

Aqui	ici
Ali	là
Além	là-bas
Cá	ici
Lá	là-bas

Quelques adverbes de quantité :

Muito	Très, beaucoup
Pouco	Peu
Tudo	Tout
Nada	Rien

Le comparatif et le superlatif

• Le comparatif de supériorité se fait avec **mais** (plus), celui d'infériorité avec **menos** (moins), celui d'égalité avec **tão... como** (aussi... que) :

au masculin		au féminin	
caro	cher	**cara**	chère
mais caro	plus cher	**mais cara**	plus chère
menos caro	moins cher	**menos cara**	moins chère
tão caro como	aussi cher que	**tão cara como**	aussi chère que

• Le superlatif relatif se fait avec **o mais** / **a mais** (le plus / la plus) ou **o menos** / **a menos** (le moins / la moins) :

o mais caro de todos	le plus cher de tous
a menos cara de todas	la moins chère de toutes

• Le superlatif absolu se forme avec **muito** ou en ajoutant le sufixe **-issimo** :

Este livro é muito caro.
Este livro é caríssimo. } Ce livre est très cher.

Le même mot **muito** peut signifier "très" et "beaucoup" :

A Ana é muito bonita.	Ana est très jolie.

S'il se rapporte à un nom, **muito** varie avec le nom :

Há muito barulho.	Il y a beaucoup de bruit.
Há muita gente.	Il y a beaucoup de monde.
Tenho muitos amigos.	J'ai beaucoup d'amis.
Tenho muitas férias.	J'ai beaucoup de vacances.

a menos cara de todas

Comparatifs et superlatifs irréguliers

bom	**melhor**	**o melhor**	**óptimo**	bon
boa	**melhor**	**a melhor**	**óptima**	bonne
grande	**maior**	**o maior**	**máximo**	grand
grande	**maior**	**a maior**	**máxima**	grande
pequeno	**menor**	**o menor**	**mínimo**	petit
pequena	**menor**	**a menor**	**mínima**	petite
muito	**mais**	**o mais**	**muitíssimo**	beaucoup
muita	**mais**	**a mais**	**muitíssima**	
pouco	**menos**	**o menos**	**pouquíssimo**	peu
pouca	**menos**	**a menos**	**pouquíssima**	
mau	**pior**	**o pior**	**péssimo**	mauvais
má	**pior**	**a pior**	**péssima**	mauvaise

Le comparatif et le superlatif de **pequeno (menor, o menor)** est rarement utilisé dans la conversation et appartient plutôt à un langage conceptuel :

É o menor dos males	c'est le moindre mal
Uma arte menor	un art mineur

Dans le langage quotidien on emploie **mais pequeno, o mais pequeno** :

O quarto é mais pequeno que a sala.
la chambre est plus petite que le salon.

O João é o mais pequeno de todos.
Jean est le plus petit de tous.

Pronoms personnels

eu	je	**nós**	nous
tu	tu	**vós**	vous
ele	il	**eles**	ils
ela	elle	**elas**	elles
você	vous	**vocês**	vous

Le pronom personnel sujet est souvent sous-entendu en portugais :

sou português (je suis Portugais) ; **não falo bem** (je ne parle pas bien).

Pour vouvoyer quelqu'un, on utilise la troisième personne en remplaçant **ele / ela par o senhor** ou **senhora** (formel) ou **você** (familier), correspondant à "vous" :

O senhor é francês?	Vous êtes Français ? (adressé à un homme)
Você é francês?	" " "
A senhora fala portugês?	Vous parlez portugais ? (adressé à une femme)
Você fala português?	Vous parlez portugais ?

On peut encore tout simplement omettre le pronom :

É francês?	Vous êtes Français ?
Fala português?	Vous parlez portugais ?

Au **pluriel** la deuxième personne ne s'emploie presque plus. On utilise plutôt la troisième personne en remplaçant **eles** / **elas par os senhores, senhoras** (formel), **vocês** (familier) ou en omettant le pronom :

Os senhores são portugueses?	Vous êtes Portugais ?
As senhoras falam francês? **Vocês falam francês?** **Falam francês?**	} Vous parlez français ?

Les verbes

Il existe trois groupes de verbes réguliers :

- Premier groupe : verbes en **-ar**, comme **falar** (parler)
- Deuxième groupe : verbes en **-er**, comme **comer** (manger)
- Troisième groupe : verbes en **-ir**, comme **partir** (partir)

Les pronoms sujets sont surtout employés lorsqu'on veut insister sur la personne (moi, je...) ; sinon, ils sont le plus souvent omis et c'est la terminaison du verbe qui indique la personne.

Verbes réguliers au présent

falar (-ar)	parler
falo	je parle
falas	tu parles
fala	il / elle parle
falamos	nous parlons
(falais)	vous parlez
falam	ils / elles parlent ; vous parlez

comer (-er)	manger
como	je mange
comes	tu manges
come	il / elle mange
comemos	nous mangeons
(comeis)	vous mangez
comem	ils / elles mangent ; vous mangez

partir (-ir)	partir
parto	je pars
partes	tu pars
parte	il / elle part
partimos	nous partons
(partis)	vous partez
partem	ils / elles partent ; vous partez

Eu falo português, e tu?	Moi, je parle portugais, et toi ?
Falas francês?	Tu parles français ?
Falam inglês?	Vous parlez anglais ?
O senhor come bem?	Vous mangez bien ?
Ela não come carne.	Elle ne mange pas de viande.
Que é que vocês comem?	Qu'est-ce que vous mangez ?
Quando partem?	Quand partez-vous ?
Partimos amanhã	Nous partons demain.

Verbes irréguliers

Verbes irréguliers au présent

Comme dans la plupart des langues, les verbes les plus utilisés dans la langue courante sont souvent irréguliers. Essayez de bien vous souvenir des conjugaisons des verbes ci-après, car vous aurez certainement à vous en servir.

dar	**dizer**	**fazer**	**poder**	**ir**	**vir**
donner	dire	faire	pouvoir	aller	venir
dou	**digo**	**faço**	**posso**	**vou**	**venho**
dás	**dizes**	**fazes**	**podes**	**vais**	**vens**
dá	**diz**	**faz**	**pode**	**vai**	**vem**
damos	**dizemos**	**fazemos**	**podemos**	**vamos**	**vimos**
(dais)	**(dizeis)**	**(fazeis)**	**(podeis)**	**(ides)**	**(vindes)**
dão	**dizem**	**fazem**	**podem**	**vão**	**vêm**

saír	**trazer**	**ver**	**ouvir**	**saber**	**pôr**
sortir	porter	voir	entendre	savoir	mettre
saio	**trago**	**vejo**	**ouço**	**sei**	**ponho**
sais	**trazes**	**vês**	**ouves**	**sabes**	**pões**
sai	**traz**	**vê**	**ouve**	**sabe**	**põe**
saímos	**trazemos**	**vemos**	**ouvimos**	**sabemos**	**pomos**
(saís)	**(trazeis)**	**(vedes**	**ouvis)**	**(sabeis)**	**(pondes)**
saiem	**trazem**	**vêem**	**ouvem**	**sabem**	**põem**

Les auxiliaires

ter (avoir), **ser** (être), **estar** (être) sont les principaux auxiliaires que vous trouverez à tout moment. Leur emploi ne correspond pas, toutefois, à leur équivalent en français.

• **Ter**, employé avec un participe passé, comporte une nuance de répétition et de continuité :

Ele tem trabalhado muito.
Il a beaucoup travaillé (et il continue de travailler).

Ele tem trabalhado muito.

• **Ser** indique l'identité, l'essence, ce qui ne change pas. **Estar** indique plutôt la localisation ou un état passager :

ele é francês	il est Français	**ele é amado**	il est aimé
ele está em Lisboa	il est à Lisbonne	**ele está cansado**	il est fatigué

Conjugaison au présent

ter	ser	estar
tenho	**sou**	**estou**
tens	**és**	**estás**
tem	**é**	**está**
temos	**somos**	**estamos**
(tendes)	**(sois)**	**(estáis)**
têm	**são**	**estão**

Prononciation :
tenho = tagnou
tens = taich
tem = tai
temos = témouch
têm = ta-ain

Sou da França / do Canadá / da Bélgica / da Suiça, estou em Portugal e tenho calor.
Suis de la France / du Canada / de Belgique / de Suisse, suis en Portugal et j'ai chaleur
Je viens de France / du Canada / de Belgique / de Suisse, je suis au Portugal et j'ai chaud.

Être en train de

Le verbe **estar** suivi de la préposition **a** indique une action continue :

Que estás a fazer?	Qu'est-ce que tu es en train de faire ?
Estou a comer	Je suis en train de manger.

Les temps

Dès que vous commencerez à vous lancer dans des conversations en portugais, vous constaterez que le présent ne vous suffit plus. Il vous faudra alors apprendre à manier les autres temps...

Le futur

La forme la plus courante d'exprimer le futur est le présent du verbe **ir** (aller) avec l'infinitif du verbe que l'on veut employer . (Cela n'est pas sans nous rappeler le français) :

Amanhã vou nadar.
Demain je vais nager.

Esta noite vamos comer bacalhau.
Ce soir nous allons manger de la morue.

Il existe toutefois un futur gramatical, à l'emploi plus subtil, qui se forme en ajoutant à l'infinitif du verbe les terminaisons **-ei**, **-ás**, **-á**, **-emos**, **-eis**, **-ão** :

falar +	**ei**	**falarei**	**comer**	**comerei**	**partir**	**partirei**
	ás	**falarás**		**comerás**		**partirás**
	á	**falará**		**comerá**		**partirá**
	emos	**falaremos**		**comeremos**		**partiremos**
	eis	**(falareis)**		**(comereis)**		**(partireis)**
	ão	**falarão**		**comerão**		**partirão**

Nous vous épargnons les terminaisons irrégulières.

Le passé

En portugais, la forme employée pour exprimer le passé est une forme simple, **le prétérit**, son emploi correspondant aussi bien au passé simple qu'au passé composé français.
Nota : La forme composée ne correspond pas au passé composé français mais indique, comme nous l'avons déjà vu, une continuité de l'action dans le présent :

tenho comido muitas sardinhas.
J'ai mangé (dans le passé) et je mange encore (dans le présent) beaucoup de sardines.

Le prétérit

Verbes réguliers

falar (-ar)	**comer (-er)**	**partir (-ir)**
parler	manger	partir
falei	**comi**	**parti**
falaste	**comeste**	**partiste**
falou	**comeu**	**partiu**
falámos	**comemos**	**partimos**
(falastes)	**(comestes)**	**(partistes)**
falaram	**comeram**	**partiram**

Verbes auxiliaires

ter	**ser**	**estar**
avoir	être	être
tive	**fui**	**estive**
tiveste	**foste**	**estiveste**
teve	**foi**	**esteve**
tivemos	**fomos**	**estivemos**
(tivestes)	**(fostes)**	**(estivestes)**
tiveram	**foram**	**estiveram**

Verbes irréguliers

dar	**dizer**	**fazer**	**poder**	**ir**	**vir**
donner	dire	faire	pouvoir	aller	venir
dei	**disse**	**fiz**	**pude**	**fui**	**vim**
deste	**disseste**	**fizeste**	**pudeste**	**foste**	**vieste**
deu	**disse**	**fez**	**pôde**	**foi**	**veio**
demos	**dissemos**	**fizemos**	**pudemos**	**fomos**	**viemos**
(destes)	**(dissestes)**	**(fizestes)**	**(pudestes)**	**(fostes)**	**(viestes)**
deram	**disseram**	**fizeram**	**puderam**	**foram**	**vieram**

sair	trazer	ver	ouvir	saber	pôr
sortir	porter	voir	entendre	savoir	mettre
saí	**trouxe**	**vi**	**ouvi**	**soube**	**pus**
saíste	**trouxeste**	**viste**	**ouviste**	**soubeste**	**puseste**
saiu	**trouxe**	**viu**	**ouviu**	**soube**	**pôs**
saimos	**trouxemos**	**vimos**	**ouvimos**	**soubemos**	**pusemos**
(saistes)	**(trouxestes)**	**(viestes)**	**(ouvistes)**	**(soubestes)**	**(pusestes)**
sairam	**trouxeram**	**vieram**	**ouviram**	**souberam**	**puseram**

Ontem nadei uma hora
Hier j'ai nagé une heure.

Comeste bem?
Tu as bien mangé ?

O avião já partiu
L'avion est déjà parti.

Le participe passé

-ar	**falar**	**falado**	parlé
-er	**comer**	**comido**	mangé
-ir	**partir**	**partido**	parti

tenho falado muito com ela j'ai beaucoup parlé avec elle (ces temps-ci).
tens comido demais tu as trop mangé (ces temps-ci).

L'imparfait

L'emploi de l'imparfait correspond généralement à l'imparfait français. On l'utilise en outre pour exprimer le conditionnel, comme on le verra par la suite.

Dantes ela trabalhava na cidade. Avant elle travaillait en ville.
Onde estavas? Où étais-tu ?
Que fazias em Portugal? Que faisais-tu au Portugal ?

Imparfait des verbes réguliers

falar	comer	partir
falava	**comia**	**partia**
falavas	**comias**	**partias**
falava	**comia**	**partia**
falávamos	**comíamos**	**partíamos**
(faláveis)	**(comíeis)**	**(partíeis)**
falavam	**comiam**	**partiam**

Imparfait des verbes irréguliers et des auxiliaires

ter	**ser**	**estar**	**vir**	**pôr**
avoir	être	être	venir	mettre
tinha	**era**	**estava**	**vinha**	**punha**
tinhas	**eras**	**estavas**	**vinhas**	**punhas**
tinha	**era**	**estava**	**vinha**	**punha**
tínhamos	**éramos**	**estávamos**	**vínhamos**	**púnhamos**
(tínheis)	**(éreis)**	**(estáveis)**	**(vínheis)**	**(púnheis)**
tinham	**eram**	**estavam**	**vinham**	**punham**

Le Conditionnel

Comme nous l'avons vu, en portugais c'est l'imparfait qui est le plus souvent utilisé pour exprimer le conditionnel :

Eu gostava de ser rico.
J'aimais d'être riche
J'aimerais être riche.

Queria ir ao cinema.
Voulais aller au cinéma
Je voudrais aller au cinéma.

Toutefois un conditionnel grammatical existe, à l'emploi plus complexe, qui se forme avec l'infinitif plus les terminaisons **-ia**, **-ias**, **-ia**, **-íamos**, **-íeis**, **-iam**.

gostar **gostaria**
gostarias
gostaria
gostaríamos
(gostaríeis)
gostariam

gostaria de ser rico : j'aimerais être riche (sous-entendu, c'est impossible).

Formes de politesse

Pour commander quelque chose ou demander un renseignement, on utilise volontiers l'imparfait (à valeur conditionnelle) qui rend la demande plus indirecte et constitue une forme de politesse :

Podia dizer-me onde é a rua da Rosa?
Pourriez-vous me dire où est la rue de la Rose ?

Queria uma cerveja, por favor.
Je voudrais une bière, s'il vous plaît.

La phrase

L'ordre habituel des mots (le plus courant) est : sujet-verbe-complément.

Começamos a aprender português.
Nous commençons à apprendre le portugais.

Queres ir comigo?
Veux-tu aller avec moi ?

Não quero ir contigo.
Je ne veux pas aller avec toi.

Ceci et cela

isto	ceci (ce qui est près de moi / ce dont je parle)
isso	cela (ce qui est près de toi / ce dont tu parles)
aquilo	cela (ce qui est là-bas / ce dont il parle)

Que é isto?
Qu'est-ce que c'est (que ceci) ?

Isto é um jornal.
Ceci est un journal

Que é aquilo?
Qu'est-ce que c'est (que cela)?

Aquilo é uma revista.
C'est une revue.

Como se chama isso?
Comment s'appelle ceci (près de toi) ?

Isto é um guarda-chuva.
Ceci (près de moi) est un parapluie.

Não quero ir contigo.

Celui-ci / celle-ci ; celui-là / celle-là

À côté de ces **pronoms démonstratifs** neutres, il y en a qui accompagnent ou remplacent des noms avec lesquels ils s'accordent en genre et en nombre :

este, esta	**esse, essa**	**aquele, aquela**
estes, estas	**esses, essas**	**aqueles, aquelas**

Queres este bolo? – **Não, obrigado, não quero esse bolo.**
Veux-tu ce gâteau (-ci) ? – Non merci, je ne veux pas ce gâteau (-là).

Contractées avec les prépositions **de** et **em**, ces formes deviennent :

deste / a	**desse / a**	**daquele / a**
neste / a	**nesse / a**	**naquele / a.**

Gostas deste restaurante? – **Não, naquele come-se melhor.**
Aimes-tu (de) ce restaurant ? – Non, dans celui-là on mange mieux.

Essa sopa é boa? – **Sim, gosto muito desta sopa.**
Cette soupe (que tu manges) est bonne ? – Oui, j'aime beaucoup cette soupe (-ci).

Où ? Ici et là...

Onde?	**Aqui, cá**	**aí**	**lá**	**ali**	**além**
Où ?	Ici	là (où tu es)	là-bas	là	là-bas

Onde é o meu lugar?
Où est ma place ?

– O seu lugar é ali.
– Votre place est là.

Onde está o teu carro?
Où est ta voiture ?

– O meu carro está além.
– Ma voiture est là-bas.

Eu fico aqui
Je reste ici

Tu ficas aí.
Tu restes là.

Cá em Lisboa está calor
Ici à Lisbonne il fait chaud

Lá em Paris está frio.
Là-bas à Paris il fait froid.

Lá em Genebra está muito frio.
Là-bas à Genève il fait très froid.

Lá em Bruxelas está chover.
Là-bas à Bruxelles il pleut.

Lá em Montreal está a nevar.
Là-bas à Montréal il neige.

Autres mots importants pour situer dans l'espace :

dentro	dans	**fora**	hors
atrás	derrière	**ao lado de**	à côté de
em cima	en haut	**em baixo**	en bas
em cima de	sur	**debaixo de**	sous
em frente	en face	**do outro lado**	de l'autre côté
em toda a parte	partout	**em parte nenhuma**	nulle part
em + o = no	dans le	**em + a = na**	dans la
no saco	dans le sac	**na caixa**	dans la boîte

Les possessifs

De quem é esta mochila?
À qui est ce sac à dos ?

– Essa mochila é minha.
– Ce sac à dos est à moi (mien).

Qual é a sua mala? — **– A minha mala é esta.**
Quelle est votre valise ? — – Ma valise est celle-ci.

	Singulier			Pluriel	
	m	f		m	f
mon / ma	**o meu**	**a minha**	mes	**os meus**	**as minhas**
ton / ta	**o teu**	**a tua**	tes	**os teus**	**as tuas**
son / sa	**o seu**	**a sua**	ses	**os seus**	**as suas**
notre	**o nosso**	**a nossa**	nos	**os nossos**	**as nossas**
votre	**o vosso**	**a vossa**	vos	**os vossos**	**as vossas**
leur	**o seu**	**a sua**	leurs	**os seus**	**as suas**

En portugais, la forme du possessif est la même, qu'il accompagne ou non un substantif : **o meu** = mon / le mien ; **a minha** = ma / la mienne.

A minha mala — **Esta mala é a minha.**
Ma valise — Cette valise est à moi (la mienne).

Onde estão os passaportes? — **– O meu está aqui.**
Où sont les passeports ? — – Le mien est ici.

Sans article, **meu** / **minha** correspond au français “à moi”, “à toi” :

De quem é este livro? — **– Esse livro é meu.**
A qui est ce livre(-ci) ? — – Ce livre(-là) est à moi.

Les formes réfléchies

On reconnaît les verbes réfléchis à leur terminaison en **-se** à l'infinitif : **lavar-se** (se laver), **sentar-se** (s'asseoir), **levantar-se** (se lever), **chamar-se** (s'appeler). Les pronoms réfléchis sont très proches du français, mais ils se placent après le verbe dans les phrases affirmatives.

lavo-me	je me lave
lavas-te	tu te laves
lava-se	il / elle se lave
lavamo-nos	nous nous lavons
(lavais-vos)	vous vous lavez
lavam-se	ils / elles se lavent (ou vous vous lavez)

La construction réfléchie **se** + verbe à la troisième personne traduit souvent le "on" français, lorsqu'il s'agit d'exprimer une généralité, une habitude, une obligation ou une possiblité :

Fala-se francês.
On parle français.

No verão come-se menos.
En été on mange moins.

Alugam-se bicicletas.
On loue des vélos.

À la négative, le pronom réfléchi change de place et vient avant le verbe :

Pode-se fumar?
On peut fumer ?

– Não, não se pode fumar.
– Non, on ne peut pas fumer.

No verão come-se menos.

Compter

Maintenant, il va bien falloir apprendre à compter. Pour connaître le prix des choses, on demande :

Quanto custa? Combien ça coûte ?
Quanto é? C'est combien ?

0	**zero**	30	**trinta**
1	**um, uma**	40	**quarenta**
2	**dois, duas**	50	**cinquenta**
3	**três**	60	**sessenta**
4	**quatro**	70	**setenta**
5	**cinco**	80	**oitenta**
6	**seis**	90	**noventa**
7	**sete**	100	**cem**
8	**oito**	101	**cento e um**
9	**nove**	199	**cento e noventa e nove**
10	**dez**	200	**duzentos / as**
11	**onze**	300	**trezentos**
12	**doze**	400	**quatrocentos**
13	**treze**	500	**quinhentos**
14	**catorze**	600	**seiscentos**
15	**quinze**	700	**setecentos**
16	**dezasseis**	800	**oitocentos**
17	**dezassete**	900	**novecentos**
18	**dezoito**	1 000	**mil**
19	**dezanove**	2 000	**dois mil**
20	**vinte**	10 000	**dez mil**
21	**vinte e um / a**	100 000	**cem mil**
22	**vinte e dois / duas**	1 000 000	**um milhão**

1er	**primeiro / a**	4e	**quarto / a**	7e	**sétimo / a**
2e	**segundo / a**	5e	**quinto / a**	8e	**oitavo / a**
3e	**terceiro / a**	6e	**sexto / a**	9e	**nono / a**

Les mesures et les quantités

um par	une paire
uma dúzia	une douzaine
um conto	1 000 (escudos)
dois contos	2 000 (escudos)
60 e tal	60 et quelques

meio quilo	un demi-kilo
um quarto de quilo	un quart de kilo
250 gramas	250 gr.

dois e três são cinco	(2 + 3 = 5)
oito menos quatro são quatro	(8 - 4 = 4)
três vezes três são nove	(3 x 3 = 9)
dez a dividir por dois dá cinco	(10 : 2 = 5)

milímetro, centímetro, decímetro, metro, decâmetro, hectómetro, kilómetro

légua (lieue), **légua marítima** (mille marin)

centilitro, decilitro, litro, hectolitro

metro quadrado, are, hectare

milímetro cúbico, ..., metro cúbico

miligrama, grama, quilo, tonelada

Quelques mots de quantité

muito	beaucoup	**apenas**	seulement
pouco	peu	**tanto**	tant
tudo	tout	**demais**	trop
mais	plus	**algo**	quelque chose
menos	moins	**pelo menos**	au moins
bastante	assez	**no máximo**	au plus

L'argent – o dinheiro

uma moeda	une pièce de monnaie
uma nota	un billet
o troco	la monnaie
"a massa"	le pognon

Pièces	Billets
1 escudo	**500 escudos**
2,5 escudos (25 tostões)	**1 000 escudos (= 1 conto)**
5, 10, 20, 100, 200 escudos	**2 000 escudos (= 2 contos)**
	5 000 escudos (= 5 contos)
	10 000 escudos (= 10 contos)

Autour du temps

Comme nous l'avons déjà mentionné, les Portugais ne sont pas particulièrement ponctuels :

Encontramo-nos entre as cinco e as cinco e meia.
Nous nous retrouvons entre 5 heures et 5 heures et demie.

S'ils ratent un bus ou un train, ils sont souvent tout étonnés de constater que les horaires ont été respectés et ils murmurent :

Mas normalmente a camioneta está atrasada!
Mais habituellement le car est en retard !

Quelques mots indispensables

Hoje	aujourd'hui	**cedo**	tôt
amanhã	demain	**tarde**	tard
ontem	hier	**agora**	maintenant
depois	après	**logo**	tout à l'heure
quando	quand	**entre**	entre
desde	depuis	**até**	jusqu'à

L'heure

Que horas são?
Que heures sont ?
Quelle heure est-il ?

São duas horas (da tarde).
sont deux heures (de l'après midi)
Il est deux heures (de l'après-midi).

É meio-dia / meia-noite.
Il est midi / minuit.

São duas menos dez.
Il est deux heures moins dix.

São dez para as duas.
Sont dix pour les deux
Il est deux heures moins dix.

É uma hora da manhã.
est une heure du matin
Il est une heure du matin.

São três e cinco.
sont trois et cinq
Il est trois heures cinq.

São cinco e meia.
Il est cinq heures et demie.

São oito e um quarto.
Il est huit heures et quart.

É um quarto para o meio dia.
Est un quart pour le midi
Il est midi moins le quart.

A que horas sai o comboio para o Porto? **– Sai às quatro e onze.**
À quelle heure part le train pour Porto ? – Il part à quatre heures onze.

Que horas são?

Les jours de la semaine

En portugais, les jours utiles de la semaine se comptent en **feiras**. Le mot **feira** est cependant sous-entendu la plupart du temps :

segunda-feira	lundi	**sexta-feira**	vendredi
terça-feira	mardi	**sábado**	samedi
quarta-feira	mercredi	**domingo**	dimanche
quinta-feira	jeudi		

Que dia é hoje? – **Hoje é segunda.**
Quel jour sommes-nous ? – Nous sommes lundi.

Les mois

Janeiro	**Maio**	**Setembro**
Fevereiro	**Junho**	**Outubro**
Março	**Julho**	**Novembro**
Abril	**Agosto**	**Dezembro**

L'année

mil novecentos e noventa sete 1997

a primavera	le printemps
o verão	l'été
o outono	l'automne
o inverno	l'hiver

Mots liés au temps

de manhã	le matin	**durante o dia**	pendant la journée
de tarde	l'après-midi	**todo o dia**	toute la journée
à noite	le soir	**o fim de semana**	le week-end
todos os dias	tous les jours	**há dois dias**	il y a deux jours
o mês passado	le mois dernier	**o mês inteiro**	le mois entier
o aniversário	l'anniversaire	**o feriado**	le (jour) férié
daqui a três dias	d'ici trois jours		
a semana passada	la semaine dernière		
na próxima semana	la semaine prochaine		

L'interrogation

On distingue l'interrogation à l'intonation de la phrase. Contrairement au français, on n'inverse pas l'ordre des mots :

Tomamos um táxi.
Nous prenons un taxi.

Tomamos um táxi?
Prenons-nous un taxi ?

Vamos jantar.
Nous allons dîner.

Onde vamos jantar?
Où allons-nous dîner ?

Mots interrogatifs

Lieu

Onde vais? / Aonde vais?
Où vas-tu ?

– Vou ao cinema.
– Je vais au cinema.

Donde vens?
D'où viens-tu ?

– Venho de Paris.
– Je viens de Paris.

Para onde vais?
Où vas-tu ?

– Vou para Lisboa.
– Je vais à Lisbonne.

Temps

Quando vais para Lisboa?
Quand vas-tu à (pars-tu pour) Lisbonne ?

– No próximo sábado.
– Samedi prochain.

Que, qui, qoui, comment, pourquoi, avec qui

Que quer tomar?
Que voulez-vous prendre ?

– Quero um café.
– Je veux un café.

Quem escreveu este livro?
Qui a écrit ce livre ?

– Não sei.
– Je ne sais pas.

O que é que estás a fazer?
Qu'est-ce que tu fais ?

– Estou a fazer um bolo.
– Je fais un gâteau.

Para quê?
Pour quoi faire ?

– Para comer ao lanche.
– Pour manger au goûter.

Como vamos para Sintra?
Comment allons-nous à Sintra ?

– Vamos de carro.
– Nous allons en voiture.

Porque não fazes esse trabalho?
Pourquoi ne fais-tu pas ce travail ?

– Porque não tenho tempo.
– Parce que je n'ai pas le temps.

Avec qui, pour qui, à qui

Com quem vais ao cinema?
Avec qui vas-tu au cinema ?

– Com o meu amigo Pedro.
– Avec mon ami Pierre.

Para quem é esse presente?
Pour qui est ce cadeau ?

– É para o meu irmão.
– C'est pour mon frère.

De quem é aquele barco?
À qui est ce bateau ?

– É do rapaz cujo pai é marinheiro.
– Il est au garçon dont le père est marin.

A quem pertence este terreno?
À qui appartient ce terrain ?

– Pertence ao presidente da junta.
– Il appartient au maire.

Qual é a sua profissão?
Quelle est votre profession ?

– Sou músico.
– Je suis musicien.

Acquiescer, nier, douter

Sim, eu sei.
Oui, je sais.

Não, eu não sei.
Non, (moi) je ne sais pas.

O senhor tem a carta de condução?
Avez-vous votre permis de conduire ?

Com certeza!
Certainement !

Vocês saem amanhã à noite?
Est-ce que vous sortez demain soir ?

Talvez não, ainda não sabemos
Peut-être pas, nous ne savons pas encore.

certamente	certainement (peut-être)
com certeza	certainement (avec certitude)
sem dúvida	sans doute
nunca	jamais
nunca mais	plus jamais
de modo nenhum	en aucune façon
de maneira nenhuma	"
talvez	peut-être
possivelmente	peut-être
quem sabe	qui sait ?

Enfim, a gramática acabou! Graças a Deus!
La grammaire est enfin terminée ! Grâce à Dieu !

CONVERSATION

Votre première conversation aura sans doute trait à la vie quotidienne. Observez comment votre voisin passe sa commande au restaurant, comment les gens se saluent, quelles paroles ils échangent le plus fréquemment ; tous ces éléments vous aideront à vous lancer. Les pages qui suivent vous donneront du vocabulaire et des phrases toutes faites, usuelles, répertoriées par thèmes – ainsi vous pourrez vous débrouiller dans toutes les situations de la vie de tous les jours. Mais n'oubliez pas d'ouvrir grand vos oreilles partout où vous allez – les gens autour de vous, dans la rue, dans les cafés, seront toujours vos meilleurs professeurs !

S'adresser à quelqu'un, saluer

o senhor	monsieur
os senhores	messieurs
a senhora	madame
as senhoras	mesdames
a Dona Ilda	madame Ilda
a menina	mademoiselle
você	vous (sing.)
vocês	vous (plur.)
bom dia	bonjour
boa tarde	bon après-midi

bom dia !

Les gens s'appellent généralement par leur prénom. Si on vous demande comment vous vous appelez, faites de même : donnez votre prénom ou éventuellement votre prénom suivi de votre nom de famille.

Pour vous adresser à quelqu'un vous utiliserez les formules suivantes : **o senhor** / **a senhora** (formel) s'il y a une certaine distance ; **você** (familier) s'il s'agit de quelqu'un de plus proche ; pour certaines professions, il est de bon ton de mentionner la fonction dans le traitement : **o senhor doutor** / **o senhor professor** / **o senhor engenheiro**. **Vossa excelência**, quoique moins systématique qu'autrefois, accompagne encore toute formule de politesse écrite ; reste la possibilité d'utiliser directement le verbe à la troisième personne, sans aucune formule : c'est correct et discret, on ne peut pas se tromper. Lc **tu** est réservé aux amis, même s'il est plus répandu dans les jeunes générations et dans certaines catégories professionnclles.

boa noite	bonsoir / bonne nuit
muito bom dia	bien le bonjour !
como vai?	comment allez-vous ?
passou bem?	vous allez bien ?
tudo bem?	tout va bien ? (Brésil)
bem, obrigado / a	bien, merci
tudo bem	tout va bien
mais ou menos	comme ci comme ça (plus ou moins)
olá!	salut !
adeus!	au revoir / adieu !
tchau!	ciao !
até já	à tout de suite
até logo	à tout à l'heure
até depois	à plus tard
até outra vez	à une autre fois
até segunda	à lundi
muito prazer	enchanté / ée (beaucoup de plaisir)
sempre às ordens	toujours à (vos) ordres

Bom dia! O senhor como vai? Bonjour ! Comment allez-vous ?
Bom dia, como vais? Bonjour, comment vas-tu ?
Olá Elsa. Tudo bem? Salut Elsa, tout va bien ?
Tudo bem. Tout va bien.

Apresento-lhe o meu amigo Frank. Je vous présente mon ami Frank.
Muito prazer! Enchanté / e !

Adeus e obrigado / a. Au revoir et merci.
De nada, sempre às ordens. De rien, toujours à votre disposition (à vos ordres).

Boa noite, até à próxima. Bonsoir, à la prochaine.

Attirer l'attention sur soi

Les Portugais n'aiment pas passer leur temps à faire la queue ; s'ils commencent à en avoir assez, ils n'hésitent pas à dire haut et fort :

É a minha vez!
C'est mon tour !

Agora sou eu!
Maintenant c'est à moi (suis moi) !

• Pour demander quelque chose :

Faz favor... S'il vous plaît (par faveur)	**Por favor...**

• Pour vous frayer un chemin :

Com licença!	Avec (votre) permission !

• Pour expliquer quelque chose :

Vê, ...	Vous voyez,...
Sabes, ...	Tu sais,...
Espera,	Attends,...
Posso explicar,	J'explique (je peux expliquer)

• Pour appeler quelqu'un :

Ó menina / rapaz / senhor!	Mademoiselle ! / jeune homme / monsieur !
Se faz favor, o senhor!	S'il vous plaît, monsieur !

"psst, psst" est un son que vous entendrez sans doute souvent – en particulier de la part des hommes au passage d'une femme. Mais c'est aussi une façon d'appeler une connaissance. Au café ou dans les bars, c'est souvent comme ça qu'on appelle le serveur. Au restaurant, en revanche, on appelle souvent le serveur "**chefe**".

Souhaiter, demander

Se faz favor, arranje-me uma mesa para quatro.
S'il vous plaît, trouvez-moi une table pour quatre.

Por favor, quero um chocolate bem quente.
S'il vous plaît, je veux un chocolat bien chaud.

É possível trazer outra garrafa?
Est possible apporter autre bouteille ?
Pouvez-vous apporter une autre bouteille ?

Podia trazer a ementa, por favor?
Pourriez-vous apporter le menu, s'il vous plaît ?

Dans un endroit familier où l'on connaît le personnel, vous pourrez entendre des demandes plus désinvoltes :

Ó João, traz-me o sal!
Jean, apporte-moi le sel !

Ou, à un autre degré :

Senhor João, traga-me o sal!
Monsieur Jean, apportez-moi le sel !

Sinon, de façon plus indirecte et plus châtiée, vous direz :

Se faz favor, trazia-me o sal!
S'il vous plaît, m'apporteriez-vous le sel ?

Une petite conversation

– Qual é a sua nacionalidade?
– Quelle est votre nationalité ?

– Sou da Suiça.
– Suis de Suisse
– Je suis Suisse.

– Ah, fala francês ou alemão?
– Ah, parlez-vous français ou allemand ?

– Falo francês. Vivo em Genebra.
– Je parle français. Je vis à Genève.

– A Suiça é rica.
– La Suisse est riche.

– Sim, é bom para trabalhar e ganhar dinheiro.
– Oui, c'est bien pour travailler et gagner de l'argent.

– A senhora é sua esposa?
– Madame est-elle votre épouse ?

– Sim, é a minha esposa.
– Oui, c'est mon épouse.

– Tem filhos?
– Avez-vous des enfants ?

– Tenho uma filha que está casada e vive na Alemanha.
– J'ai une fille qui est mariée et vit en Allemagne.

– Tenho dois netos
– J'ai deux petits-enfants.

– Quantos anos têm os seus netos?
– Quel âge ont vos petits-enfants ?

– Um tem 5 anos e o outro tem 8.
– L'un a 5 ans et l'autre en a 8.

Une conversation sur les vacances

– Estão de férias?
– Êtes-vous en vacances ?

– Sim, estamos.
– Oui, nous sommes (en vacances).

– Gostam do nosso país?
– Aimez-vous notre pays ?

– Gostamos muito.
– Aimons beaucoup.
– Oui, nous l'aimons beaucoup.

Gostamos do sol e da natureza.
Nous aimons le soleil et la nature.

– Já cá está há muito tempo?
– Est ici il y a très longtemps?
– Vous êtes ici depuis déjà longtemps ?

– Há dois meses.
– Il y a deux mois.
– Il y a deux mois.

– Onde vai?
– Où allez-vous ?

– O quê?
– Quoi ?

– Para onde vai?
– Où allez-vous?

– Percebe?
– Vous comprenez?

Não percebo bem. Por favor, fale mais devagar
Je ne comprends pas bien. S'il vous plaît, parlez plus lentement.

(Remarque : **fale**, impératif de **falar**. Pluriel : **falem**)

Vivem no hotel?
Vivez-vous à l'hôtel ?

– Não, temos uma tenda.
– Non, nous avons une tente.

– Estão no parque de campismo?
– Êtes-vous au camping ?

– Não, estamos na mata, ao pé da aldeia.
– Non, nous sommes dans le bois, près du village.

– Não têm medo?
– Vous n'avez pas peur ?

– Não, ninguém lá vai à noite!
– Non, personne n'y va la nuit !

Une conversation sur le temps qu'il fait ...

– Hoje está calor.
– Aujourd'hui il fait chaud

– Sim, está muito calor.
– Oui, il fait très chaud.

– Falta água para as terras.
– Manque eau pour les terres
– L'eau manque pour arroser les terres.

– Não choveu muito este ano?
– n'a plu beaucoup cette année ?
– Il n'a pas beaucoup plu cette année ?

– Não, muito pouco. Está tudo seco.
– Non, très peu. Tout est sec.

– Hoje está frio.
– Aujourd'hui il fait froid.

– Sim, está muito enevoado.
– Oui, le temps est très couvert.

– Vai chover?
– Est-ce qu'il va pleuvoir ?

– Parece que não.
– Il semble que non.

Les Portugais aiment bien écouter les voyageurs, ceux qui viennent d'ailleurs, qui connaissent autre chose... Il est plus simple parfois d'acquiescer aux questions que l'on vous pose, même si ce n'est pas l'exacte vérité, plutôt que d'essayer d'expliquer quelque chose de compliqué.

Se déplacer au Portugal

En ville

Au Portugal, si l'on ne dispose pas de voiture, on doit compter sur le car ou le train pour se déplacer d'une ville à l'autre. Dans les grandes villes, on utilise le bus ou le tramway. Seule Lisbonne possède un métro.

– Desculpe, onde fica a estação das camionetas?
– Pardon, où se trouve la gare routière (station des cars) ?

– Vá sempre em frente e vire à direita e a segunda rua à esquerda. Logo na primeira curva fica a rodoviária.
– Allez toujours tout droit et tournez à droite et la deuxième à gauche. Tout de suite au premier virage se trouve la (gare) routière

Qual é a côr do prédio?	**– É amarelo.**
Quelle est la couleur de l'immeuble ?	– Il est jaune

estação ferroviária	gare de chemin de fer
estação dos comboios	gare des trains
estação das camionetas	gare des cars
estação rodoviária	gare routière
paragem de autocarros	arrêt d'autobus
cais dos barcos	quai (des bateaux)
estação fluvial	gare fluviale
hotel	hôtel
pensão	pension
loja	boutique
supermercado	supermarché
prédio	immeuble
casa	maison
vivenda	villa
entrada	entrée
saída	sortie
escada	escalier
subida	montée
descida	descente
passagem	passage
rua	rue
travessa	petite rue (traversière)
caminho	chemin
estrada	route
estrada alcatroada	route goudronnée
árvore	arbre
avenida	avenue
cruzamento	croisement
largo	(petite) place
praça	place

ao fundo	au fond
à direita	à droite
à esquerda	à gauche
em frente	en face / tout droit
do outro lado	de l'autre côté

semáforo	feu (de signalisation)
sinal vermelho	feu rouge
sinal verde	feu vert
anúncio luminoso	annonce lumineuse

Les couleurs

branco	blanc	**preto**	noir
azul	bleu	**verde**	vert
vermelho	rouge	**amarelo**	jaune
roxo	violet	**côr de rosa**	rose
côr de laranja	orange	**castanho**	marron
cinzento	gris		
escuro	foncé	**claro**	clair

Les loisirs

cinema	cinéma
teatro	théatre
concerto	concert
discoteca	discothèque
banda	ensemble
rancho folclórico	groupe foklorique
festa	fête
baile	bal
feira	foire
mercado	marché
plateia	orchestre
balcão	balcon
camarote	loge
fila	rang
esgotado	complet (épuisé)
ouvir música	écouter de la musique
cantar	chanter
dançar	danser

Dans les petits villages on se rencontre parfois pour des activités folkloriques – chants et musique traditionnelle – dans des salons de fortune qu'on appelle "**casa do povo**". En été des fêtes ont lieu un peu partout, surtout au mois d'aôut ; outre les cérémonies religieuses et la procession, on y fait appel à des ensembles rock aussi bien qu'à des groupes folkloriques et on danse toute la nuit.

Há baile cá na freguesia no sábado?
Il y a bal ici dans la commune samedi ?
Il y a-t-il un bal dans la commune samedi ?

Onde é o cinema? – **O cinema fica ao pé da praça do mercado.**
Où est le cinéma ? – Le cinéma se trouve près de la place du marché.

Quero dois lugares na plateia. – **À frente ou atrás?**
Je veux deux places à l'orchestre. – Devant ou derrière?

Ao centro, na fila 9.
Au centre, au 9e rang.

Vão ao baile dos bombeiros? – **Não, vamos à discoteca**
Vous allez au bal des pompiers ? – Non, nous allons à la discothèque

Les transports publics

Vous n'avez pas de souci à vous faire : dans les aéroports, on parle surtout anglais avec les étrangers, mais on parle aussi le français. Voici le vocabulaire essentiel :

o avião	l'avion
a companhia	la compagnie
o aeroporto	l'aéroport
o voo	le vol
chegada	arrivée
partida	départ
o piloto	le pilote
a hospedeira	l'hôtesse (de l'air)

Et voici les autres transports et moyens de déplacement :

carro	voiture	**metro**	métro
autocarro	autobus	**barco**	bateau
camioneta	car	**bicicleta**	bicyclette
comboio	train	**moto**	moto
elétrico	tramway		

pedir boleia	faire du stop
dar boleia	prendre en stop
ir a pé	aller à pied
o bilhete	le ticket
a bilheteira	le guichet
primeira classe	première classe
segunda classe	deuxième classe
suplemento	supplément
fumadores / não fumadores	fumeurs / non fumeurs
ida e volta	aller-retour
o preço	le prix
directo	direct
rápido	rapide
ocupado	occupé
atrasado	en retard
reservar	réserver
mudar	changer
ligação	liaison
informação	information
saída / entrada	sortie / entrée
partir / saír	partir / sortir
chegar / entrar	arriver / entrer
parar	s'arrêter
paragem	arrêt
a próxima paragem	le prochain arrêt
a última paragem	le dernier arrêt
o primeiro barco	le premier bateau
o último metro	le dernier métro
casa de banho / retrete	toilettes
homens / senhoras	hommes / dames

A que horas parte o combóio para Coimbra?
À quelle heure part le train pour Coimbra ?

Quero ir para Faro.
Je veux aller à Faro.

Quanto custa um bilhete de ida e volta em segunda?
Combien coûte un billet d'aller et retour en seconde ?
Combien coûte un aller-retour en deuxième classe ?

Quero sair na próxima paragem.
Je veux sortir au prochain arrêt.

Onde é que se muda de camioneta para Tavira?
Où est-ce qu'on change de car pour Tavira ?

– Para onde vai este autocarro?
– Où va ce bus ?

– Vai para o Campo Grande
– Il va à Campo Grande.

– Tem ligação para o aeroporto?
– Il (y) a une correspondance pour l'aéroport?

– Tem.
– Oui.

Quero sair na próxima paragem.

Pour accéder à toutes les villes, villages et banlieues, le bus est le moyen le plus courant. Les bus sont assez abondants, mais souvent bondés et si le terrain est assez vallonné, vous y êtes secoués sans appel. Il faut surtout s'armer de patience pour l'attendre.
Les bus-express (**expressos**) sont souvent le moyen le plus pratique pour atteindre des villes éloignées. S'il reste encore de vieux "express" très inconfortables et mal aérés, un réseau efficace se développe entre les principaux axes, tout à fait agréable, muni de toilettes, air conditionné et bar.
Il en est de même avec les trains. À côté des vieux trains moroses et sans confort, les **inter-cidades** qui desservent les villes les plus importantes deviennent très rapides et agréables.
Souvent les gares sont à l'extérieur des villes et il faut donc continuer en taxi.
Le taxi ne coûte pas trop cher dans des conditions normales. Il faut toutefois se méfier des forfaits qu'on peut proposer au touriste. Le taximètre est en principe un bon moyen de contrôle. En tout cas il est utile de se renseigner avant d'entreprendre la course.

Não quero um preço fixo.
Je ne veux pas de forfait.

Quanto custa cada quilómetro?
Combien coûte chaque kilomètre ?
Combien coûte le kilomètre ?

Quero ver o cartão com os preços.
Je veux voir la carte des prix.

En voiture

o carro	la voiture	**o auto-carro**	le bus
a moto	la moto	**o eléctrico**	le tramway

Onde é que há uma garagem?
Où est-ce qu'il y a un garage ?

Não tenho gasolina.
Je n'ai pas (d') essence.

Posso telefonar?
Peux téléphoner
Puis-je téléphoner ?

Preciso de um mecânico.
Ai besoin d'un mécanicien
J'ai besoin d'un mécanicien.

Onde é que há um parque de estacionamento?
Où est-ce qu'il y a un parking ?

O meu carro não funciona.
Ma voiture ne marche pas.

A minha moto já está consertada?
Ma moto est déjà réparée?

O conserto é muito caro / barato.
La réparation est très chère / bon marché.

Quero uma factura especificada.
Je veux une facture détaillée.

O meu carro gasta muita gasolina.
Ma voiture dépense beaucoup d'essence
Ma voiture consomme beaucoup d'essence.

Qual é o preço da gasolina?
Quel est le prix de l'essence ?

Encha o depósito, se faz favor.
Remplissez le réservoir, s'il vous plaît
Faites-moi le plein, s'il vous plaît.

Quero uma factura especificada.

Dans un pays où on gare les voitures n'importe comment – sur les trottoirs, en double file et même pire –, les garages sont évidemment un luxe. Il n'y a que les gens riches ou ceux qui ont des tendresses de mère envers leurs voitures qui les y mettent.

Les services offerts dans ces garages sont minimum : on peut par exemple y changer l'huile, charger une batterie, voire bricoler une porte qui ne ferme pas bien, mais tout au moins les voitures y sont-elles astiquées et dorlotées. Et puis elles sont bien au chaud et à l'abri des voleurs. C'est, en somme, comme si elles restaient dans une crèche... ou dans un harem. Il ne faut pas oublier qu'il y a des propriétaires qui sont d'une jalousie farouche à l'égard de leurs voitures.

On raconte toutes sortes d'histoires sur les garages, mais la plupart sont nées de l'imagination maladive des clients. Il s'angoissent tellement qu'ils racontent n'importe quoi. Des voitures disparues ou qui sont allées simplement faire un tour toutes seules pendant la nuit, des voitures qui ont rétréci ou changé de couleur du jour au lendemain... C'est vrai que, parfois, il y a des petites erreurs. Comme, par exemple, vous remettre une voiture qui n'est pas la vôtre car la vôtre... vous l'avez deviné... a eté livrée à quelqu'un d'autre. Mais, à notre avis, tout ça ne fait qu'ajouter du suspense à nos rapports avec les garages. C'est comme si on jouait à la loterie. Et nous connaissons une dame qui a décroché le gros lot. Un beau jour, elle est entrée dans un garage au volant d'un vieux tacot et en est ressortie le soir dans une belle Rolls-Royce !

Normalement, les garages au Portugal ne font pas de réparations. Pour ça vous devez aller dans un atelier de mécanique, ce qui – autant vous en prévenir tout de suite – n'est pas donné non plus. Surtout, que tout ceci ne vous décourage pas de venir chez nous ! Mais avant de partir, assurez-vous seulement que votre voiture est en bon état. Ou alors prenez le train...

o acelerador	l'accélérateur
a bateria	la batterie
a caixa de mudanças	la boîte de vitesses
a embraiagem	l'embrayage
os faróis	les phares
o motor	le moteur
o pneu	le pneu
o tubo de escape	le tuyau d'échappement
o travão	le frein
o volante	le volant
a direcção	la direction
as rodas	les roues
mudar os pneus	changer les pneus
a luz	la lumière
os amortecedores	les amortisseurs
o óleo	l'huile
as velas	les bougies
à esquerda	à gauche
à direita	à droite
virar à esquerda	tourner à gauche
virar à direita	tourner à droite
em frente	en avant
marcha atrás	marche arrière
a velocidade	la vitesse
o sinal verde	le feu vert
o sinal vermelho	le feu rouge
o sinal amarelo	le feu orange (jaune)
o tráfego	le trafic
a estrada	la route
depressa	vite
devagar	lentement
o macaco	le cric à levier

Louer

alugar	louer	**uma casa**	une maison
um carro	une voiture	**uma bicicleta**	un vélo
um quarto	une chambre		

Você aluga bicicletas?

– Você aluga bicicletas?
– vous louez vélos ?
– Est-ce que vous louez des vélos ?

– Quanto custa à hora?
– Combien coûte à heure ?
– C'est combien de l'heure ?

– Dois mil escudos.
– Deux mille escudos.

– É muito caro. Já estamos em Outubro.
– Est très cher. Sommes déjà en octobre.
– C'est très cher. Nous sommes déjà en octobre.

– Mas como ainda está bom tempo, cobramos os preços de Verão.
– Mais comme est encore beau temps, chargeons les prix d'été.
– Mais comme il fait encore beau, nous pratiquons les prix d'été.

– Então volto cá quando chover. É mais barato!
– Alors reviens ici quand pleuvoir. Est plus bon marché.
– Alors je reviendrai quand il pleuvra. C'est moins cher !

– Não seja assim. Eu faço-lhe um preço especial.
– Ne soyez pas comme ça. Je vous fais un prix spécial.

– Um preço de Inverno?
– Un prix d'hiver ?

– Faço-lhe 60 contos por mês.
– Je vous fais 60 000 escudos par mois.

– Mas eu vou ficar aqui só duas semanas...
– Mais je vais rester ici seulement deux semaines...

– Então vou dar-lhe um conselho.
– Alors je vais vous donner un conseil.

– Qual?
– Quel ?
– Lequel ?

– Alugue um burro.
– Louez un âne.

Nager, faire de la marche

passear	(se) promener
nadar	nager
mergulhar	plonger
o mar	la mer
as ondas	les vagues
maré-alta	marée haute
maré-baixa	marée basse
a praia	la plage
o sol	le soleil
o vento	le vent
a chuva	la pluie
fazer campismo	faire du camping
parque de campismo	terrain de camping
a tenda	la tente
armar a tenda	dresser la tente
barco à vela	bateau à voile
pescar	pêcher
a bóia	la bouée
perigo	danger
cinto de salvamento	ceinture de sauvetage

– É perigoso nadar aqui?
– Est dangereux nager ici
– Est-ce que c'est dangereux de nager ici ?

– Hoje o mar tem muitas ondas.
– Aujourd'hui la mer a beaucoup de vagues.

– É melhor ir dar um passeio.
– Est mieux aller donner une promenade
– Il vaut mieux faire une promenade.

– Ou, então, ir à pesca.
– Ou alors aller à pêche
– Ou alors, aller à la pêche.

– Prefiro jogar ténis.
– Préfère jouer tennis
– Je préfère jouer au tennis.

– Está bem, mas, primeiro, vamos fazer uma corrida até casa.
– Est bien, mais premier, allons faire une course jusqu'à maison
– D'accord, mais d'abord on va faire une course jusqu'à la maison.

Onde é que podemos acampar?
Où est que pouvons camper
Où est-ce que nous pouvons camper ?

Há água perto deste bosque?
Y a eau près de ce bois
Est-ce qu'il y a de l'eau près de ce bois ?

Pour les gens qui aiment la plage, le meilleur endroit pour faire du camping au Portugal est dans le Sud – l'Alentejo – et, surtout, l'Algarve. Le Nord du pays est plus frais et on le recommande à ceux qui préfèrent la campagne.

L'hébergement

hotel	hôtel
pensão	pension
albergue de juventude	auberge de jeunesse
apartamento	appartement
quarto	chambre
casa, vivenda	maison, villa

– Procuro um quarto para duas pessoas.
– Je cherche une chambre pour deux personnes.

– Com ou sem casa de banho?
– Avec ou sans salle de bains ?

– Com casa de banho, mas não muito caro.
– Avec salle de bains, mais pas très cher.

Les tarifs d'hébergement au Portugal ne sont pas très chers, sauf ceux des grands hôtels. Vous pouvez toujours trouver des hôtels moins étoilés assez confortables et évidemment meilleur marché. Vous trouverez aussi pas mal de pensions – en général encore moins chères – dont beaucoup proposent également un prix de demi-pension.

Pode-se tomar o pequeno-almoço neste hotel?
On peut prendre le petit déjeuner dans cet hôtel ?

Queremos um quarto com vista para o mar.
Voulons une chambre avec vue pour la mer
Nous voulons une chambre avec vue sur la mer.

Prefere ficar num hotel ou numa pensão?
Vous préférez séjourner dans un hôtel ou dans une pension ?

Eu prefiro um quarto em casa de uma família.
Je préfère une chambre en maison de une famille
Je préfère une chambre dans une famille.

um quarto com duas camas	une chambre à deux lits
uma cama de casal	un grand lit
papel higiénico	papier de toilette
partir, sair	partir, sortir
pagar	payer
fazer uma reserva	faire une réservation
almoço	déjeuner
jantar	dîner
passaporte francês	passeport français
lavandaria	blanchisserie
caro	cher
barato	bon marché

Tenho frio. Quero mais um cobertor.
Ai froid. Veux plus une couverture.
J'ai froid. Je veux une couverture de plus.

Tenho calor. Dê-me um copo de água, por favor.
J'ai chaud. Donnez-moi un verre d'eau, s'il vous plaît.

A que horas serve o jantar?
À quelle heure servez-vous le dîner ?

Tenho fome. O que é que há para comer?
J'ai faim. Qu'est-ce qu'il y a à manger ?

Manger et boire

Dans les endroits touristiques, les cartes sont généralement rédigées dans plusieurs langues, mais dans les petits restaurants – où on peut bien manger pour un prix relativement bon marché – c'est une tout autre affaire. Rappelez-vous, toutefois, que les vacances, c'est l'aventure, et qu'on se doit de courir quelques risques ! Selon les goûts, les menus présentent deux genres de plats : la viande (**carne**) et le poisson (**peixe**). À vous de choisir, mais n'oubliez pas que le Portugal est un pays de pêcheurs et que le poisson y est frais et vraiment très bon. Les portions sont toujours très bien servies et il faut donc se retenir pour ne pas rater les desserts.
Si vous préférez manger à la maison, vous pourrez faire vos courses au marché, le matin, où vous trouverez toutes sortes de produits frais.

O pequeno-almoço	**Le petit déjeuner**
pão	pain
manteiga	beurre
marmelada	pâte de coings
mel	miel
doce de fruta	confiture
café	café
café com leite, galão	café au lait
chá	thé
leite	lait
frio	froid
quente	chaud

morno	tiède
torrada	torrada
açúcar	sucre
amargo	amer
doce	sucré
iogurte	yaourt
colher	cuillère
chávena	tasse

O almoço, o jantar	**Le déjeuner, le dîner**
a mesa	la table
a toalha de mesa	la serviette de table
a cadeira	la chaise
o talher	le couvert
o garfo	la fourchette
a faca	le couteau
a carta, a ementa	le menu
o guardanapo	la serviette
o prato	l'assiette
o copo	le verre
os palitos	les cure-dents
o sal	le sel
a pimenta	le poivre
o azeite	l'huile d'olive
o vinagre	le vinaigre
a azeitona	l'olive
o limão	le citron
água	eau
água mineral	eau minérale
água natural	eau naturelle
água com gás / sem gás	eau pétillante / plate
água gelada	eau glacée
vinho	vin
vinho branco / tinto	vin blanc / rouge
saca-rolhas	tire-bouchon
queijo	fromage
cerveja	bière
uma imperial	une chope
sumo de laranja	jus d'orange

uvas	raisins
ananás	ananas
banana	banane
sobremesa	dessert

Sopa	**Soupe, potage**
sopa de legumes	julienne (de légumes)
sopa de cenoura	potage de carottes
sopa de nabo	potage aux navets
sopa de massa	potage aux pâtes
canja	bouillon de poulet

Peixe e Mariscos	**Poissons et Fruits de mer**
ameijoas	palourdes
camarões	crevettes
mexilhões	moules
lagostas	langoustes
lagostins	langoustines
caranguejos	crabes
atum	thon
bacalhau	morue
sardinhas	sardines
linguado	sole
cavala	maquereau
salmonete	rouget
tamboril	lotte
lula	encornet
choco	seiche
ovas de peixe	œufs de poisson
caldeirada de peixe	bouillabaisse
pescada	colin
carapau	chinchard

Carne	**Viandes**
vitela, boi, vaca	veau, bœuf, vache
porco, leitão	porc, cochon
borrego, carneiro	agneau, mouton
cabrito, cabra	chevreau, chèvre

bife, costeleta	bifteck, côte
bem / mal passado, médio	saignant / bien cuit, à point
fígado	foie
tripas	tripes
rins	rognons
língua	langue
salsicha	saucisse
javali	sanglier
coelho	lapin
frango, pato, ganso	poulet, canard, oie
peru, faisão, codorniz	dinde, faisan, caille

Maneira de preparar	**Modes de préparation**
no forno	au four
frito	frit
grelhado	grillé
assado	rôti
cozido	bouilli
estufado	à l'étouffée

Acompanhamento	**Garniture**
feijões	haricots
feijão verde	haricots verts
grão	pois chiches
massa	nouilles
arroz	riz
favas	fèves
batatas	pommes de terre
batatas fritas	pommes frites

Verduras	**Légumes verts**
Há salada? Il y a de la salade ?	**Quero espinafres.** Je veux des épinards.
salada	salade
tomate	tomate
alface	laitue
coentros	coriandre
salsa	persil

Quero espinafres.

Fruta	Fruits
laranja	orange
carejas	cerises
pêssego	pêche
pêra	poire
melão, melancia	melon, pastèque
maçã	pomme
morangos	fraises
uvas	raisins
nêsperas	nèfles
damasco	abricot

Sobremesa	Desserts
bolo de...	gâteau de...
torta de...	rouleau à...
musse de chocolate	mousse au chocolat
leite creme	crème brûlée
farófias	îles flottantes

No bar	**Au bar**
aguardente	eau-de-vie
conhaque	cognac
vinho do porto	vin de porto
uísque	whisky
medronho	eau de vie d'arbouse

Quand plusieurs personnes ont mangé ensemble, le serveur demande :

Querem já a conta? Tudo junto ou separado?
Voulez-vous l'addition tout de suite ? Tout ensemble ou séparé ?

Au Portugal, le repas comporte traditionnellement une soupe, un plat, du vin, un dessert ou des fruits, du café et, parfois, un digestif ; mais tout cela n'est pas obligatoire et vous pouvez commander ce que vous voulez. Entre amis – et indépendamment de ce que chacun a pu manger ou boire –, on partage l'addition. Bien sûr il y a toujours des groupes plus radins que d'autres et dans ce cas-là, vous pouvez demander au serveur une addition détaillée...

– Quero pagar uma meia dose de bacalhau, um jarro de tinto e um café.
– Je veux payer une demi-portion de morue, un pichet de rouge et un café.

– São 1 800 escudos.
– Sont 1 800 escudos
– C'est 1 800 escudos.

– Tome 2 000 e guarde o troco.
– Prenez 2 000 et gardez la monnaie.

Dans la mesure où le service est compris dans les restaurants, on laisse ce qu'on veut comme pourboire. Il est de bon ton, toutefois, de laisser à peu près dix pour cent. Pour les taxis, le pourboire (**gorgeta**) de 10% est assez raisonnable également.

– Preciso de tomar um conhaque. Comi como um abade.
– J'ai besoin d'un cognac. J'ai mangé comme un abbé.

– Quem comeu como um abade fui eu. Tu comeste pelo menos como um bispo!
– Qui a mangé comme un abbé fut moi. Tu as mangé au moins comme un évêque.
– Celui qui a mangé comme un abbé, c'est moi. Toi, tu as mangé au moins comme un évêque !

Toilette et cie

Onde é a casa de banho, por favor?
Où est la salle de bains, s.v.p. ?

Onde posso lavar as mãos?
Où puis-je laver les mains ?
Où puis-je me laver les mains?

Falta sabonete.
Manque savon
Il manque du savon.

Faire des achats

Au Portugal, on trouve à peu près tout ce qui existe partout en Europe. Les vêtements de grandes marques y sont representés et sont aussi chers qu'ailleurs. Les chaussures, par contre, sont assez bon marché. Pour les livres et les disques, les prix sont aussi sensiblement les mêmes que dans la communauté européenne, mais il est très difficile de trouver des livres étrangers, à part dans une ou deux librairies à Lisbonne. Les boutiques pour touristes regorgent de toutes sortes de produits artisanaux : depuis les articles en cuir et les foulards (**xailes**, **lenços**) jusqu'à l'argenterie. Cette dernière est réputée et assez accessible. À part les boutiques et les magasins disséminés un peu partout, vous trouverez aussi, bien sûr, les inévitables centres commerciaux dans les grandes villes. En comparaison avec l'Europe, les restaurants – dont la nourriture peut être très bonne, surtout le poisson – sont ce qu'il y a de meilleur marché au Portugal... Avec le beau temps, bien sûr, lequel, jusqu'à maintenant, est toujours gratuit !

– Quero comprar um par de sapatos.
– Je veux acheter une paire de chaussures.

– Que medida é que calça?
– quelle taille chaussez ?
– Vous chaussez du combien ?

Que medida é que calça?

loja	boutique, magasin
sapataria	magasin de chaussures
ourivesaria	orfèvrerie
farmácia	pharmacie
padaria	boulangerie
livraria	librairie
papelaria	papeterie
pastelaria	pâtisserie
fato	costume
calças	pantalon
casaco	veste
camisa	chemise
saia	jupe
vestido	robe
blusa	blouse
sapatos	chaussures
madeira	bois
algodão	coton

lã	laine
ouro	or
prata	argent
metal	métal
cabedal	cuir
plástico	plastique

aberto	ouvert
fechado	fermé
saldos	soldes
promoção	promotion
esgotado	épuisé
encomendar	commander
gastar	dépenser
comprar	acheter
vender	vendre
carteira	portefeuille
bolsa	sac à main
luvas	gants

ajudar	aider
mostrar	montrer
pequeno	petit
grande	grand
menor	plus petit
maior	plus grand
menos	moins
mais	plus
cor	couleur
outra cor	autre couleur
vermelho	rouge
verde	vert
amarelo	jaune
azul	bleu
preto	noir
castanho	marron
branco	blanc

Une conversation chez le marchand

– Bom-dia. Tem uvas?
– Bonjour. Avez-vous des raisins ?

– Tenho sim. Quantos quilos deseja?
– J'ai oui. Combien de kilos désire ?
– Oui. Combien de kilos désirez-vous?

– Só um quilo, por favor.
– Seulement un kilo, s.v.p.

– Quer mais alguma coisa?
– Voulez plus quelque chose ?
– Vous voulez autre chose ?

– Também quero meio quilo de cenouras.
– Je veux aussi un demi-kilo de carottes.

– E que mais?
– Et quoi d'autre?

– Uma dúzia de ovos e meia-dúzia de...
– Une douzaine d'œufs et une demi-douzaine de...

– Desculpe, não ouvi. Meia-dúzia de quê?
– Excusez-moi, je n'ai pas entendu. Une demi-douzaine de quoi ?

– Esqueci-me. Não faz mal. Faça a conta, por favor.
– J'ai oublié. Ne fait mal. Faites l'addition, svp
– J'ai oublié. Ça ne fait rien . Faites-moi l'addition s.v.p.

– São 1 300 escudos.
– Sont 1 300 écus
– Ça fait 1 300 escudos.

– Só tenho uma nota de 5 000.
– Ai seulement un billet de 5 000
– Je n'ai qu'un billet de 5 000.

– Não faz mal. Eu tenho troco.
– Ça ne fait rien. J'ai de la monnaie.

– Tenho algumas moedas. Quer 300 escudos?
– J'ai quelques pièces. Voulez-vous 300 escudos ?

– Obrigado. Isso faz-me arranjo.
– Merci. Ça m'arrange.

– Ah! Já me esquecia. Falta o leite.
– Ah, j'oubliais déjà. Manque le lait
– Ah ! J'oubliais. Il manque le lait.

– Quantos pacotes quer?
– Combien emballages veut ?
– Combien de packs voulez-vous ?

– Dois pacotes de litro.
– Deux packs d'un litre.

Les épiceries au Portugal sont une institution en voie de disparition. Néanmoins, on peut encore en trouver dans presque tous les quartiers et dans les villages.

La police

Les flics (**chuis**) portugais ne sont pas trop antipathiques. Ils sont peu agressifs et, à l'occasion, peuvent même être sympathiques et polis, surtout envers les étrangers – le Portugal est, après tout, un pays touristique !

Onde fica a esquadra mais próxima?
Où reste le commissariat plus proche
Où est le commissariat le plus proche ?

Chaque quartier a son propre commissariat. Vous ne trouverez pas beaucoup d'agents dans la rue sauf dans les endroits les plus fréquentés. Malgré l'accroissement de la criminalité, le Portugal n'est pas un pays violent.

– Quero fazer uma queixa.
– Je veux faire une plainte
– Je veux déposer une plainte.

– O que é que aconteceu?
– Qu'est-ce qui s'est passé ?

– Roubaram-me o carro e tudo o que estava lá dentro.
– On m'a volé ma voiture et tout ce qui était dedans.

– E tinha muitas coisas?
– Et vous aviez beaucoup de choses ?

– Tudo. Passaporte, carta de condução, malas e dinheiro.
– Tout. Passeport, carte de conduire, valises et argent
– Tout. Passeport, permis de conduire, des valises et de l'argent.

– E não tem pelo menos o seu bilhete de identidade consigo?
– Et vous n'avez pas au moins votre carte d'identité sur vous ?

– Não. Também estava no carro. Dentro da minha bolsa...
– Non. était aussi dans la voiture. Dedans mon sac à main...
– Non. Elle était aussi dans la voiture. Dans mon sac à main...

– Qual é a sua nacionalidade?
– De quelle nationalité êtes-vous ?

– Sou francesa.
– Je suis Française.

– Viu o ladrão?
– Avez-vous vu le voleur ?

– Nem o ladrão nem o carro.
– Ni le voleur ni la voiture.

– Onde é que a senhora deixou o carro?
– Où est que la dame a laissé la voiture ?
– Où est-ce que vous avez laissé votre voiture ?

– Em frente da Embaixada Francesa.
– Devant l'ambassade de France.

– Mas isso é proibido. Não se pode estacionar em frente das embaixadas.
– Mais c'est défendu. On ne peut stationner devant les ambassades.

– Não me diga que me roubaram o carro para eu não pagar um multa!
– Ne me dites pas qu'on m'a volé ma voiture pour que je ne paie pas d'amende !

À la poste

CTT	PTT
o Correio	la Poste
selos	timbres
envelope	enveloppe
carta	lettre
carta registada	lettre recommandée
encomenda	colis
postal	carte postale
por avião	par avion
telegrama	télégramme
posta-restante	poste restante
telefone	téléphone
chamada telefónica	appel téléphonique
chamada paga pelo destinatário	PCV
alfândega	douane

A que horas abre / fecha o Correio?
À quelle heure ouvre / ferme la Poste ?

Quanto custa um selo para França?
Combien coûte un timbre pour la France ?

Quero mandar uma encomenda para Paris.
Je veux envoyer un colis à Paris.

O correio por avião é mais caro do que o normal.
Le courrier par avion est plus cher que le normal.

O carteiro toca sempre duas vezes.
Le facteur sonne toujours deux fois.

Posso telefonar, por favor?
Puis-je téléphoner, s.v.p. ?

Preciso de fazer uma chamada telefónica.
J'ai besoin de faire un appel téléphonique
J'ai besoin de passer un coup de fil.

Que cabine devo usar?
Que cabine dois utiliser ?
Quelle cabine dois-je utiliser?

Há correio para mim?
Est-ce qu'il y a du courrier pour moi ?

Quero enviar um vale do correio.
Je veux envoyer un mandat postal.

Recebi um telegrama do estrangeiro.
J'ai reçu un télégramme de l'étranger.

À la banque

Procuro um banco.
Je cherche une banque.

Quero trocar francos em escudos.
Je veux changer des francs en escudos.

A maior parte dos bancos tem um serviço de câmbios.
La plupart des banques ont un service de change.

cheques	chèques
livro de cheques	carnet de chèques
cheque ao portador	chèque au porteur
cheque sem cobertura	chèque sans provision
cheque endossado	chèque endossé
câmbio	change
casa de câmbio	bureau de change
taxa de câmbio	taux de change
transacção	transaction

O nome do meu banco em França é...
Le nom de ma banque en France est...

É preciso assinar este cheque.
Il faut signer ce chèque.

– Pode-se pagar com cheque?
– Peut on payer avec chèque ?
– On peut payer par chèque ?

– Não, somente em dinheiro.
– Non, seulement en argent.
– Non, seulement en liquide.

Aceitam-se cartões de crédito.
On accepte les cartes de crédit.

Tenho conta neste banco.
J'ai un compte dans cette banque.

Qual é o meu saldo, por favor?
Quel est mon solde, s.v.p. ?

Être malade

Il est évidemment souhaitable de ne tomber malade nulle part, et encore moins à l'étranger, mais mieux vaut que vous connaissiez en portugais les noms des endroits où vous pouvez vous adresser tout de suite. À part les hôpitaux, il y a au Portugal des dispensaires ouverts tous les jours de la semaine ainsi que de très nombreuses pharmacies. Et si jamais une de celles-ci est fermée pendant le week-end, vous trouverez affichée sur la porte la liste des pharmacies ouvertes les plus proches. Pour les dentistes, le mieux sera de consulter les pages jaunes du bottin de la ville où vous vous trouvez.

Onde fica a farmácia / o posto de saúde / o hospital mais perto?
Où reste la pharmacie / le poste de santé / l'hôpital plus proche ?
Où est la pharmacie / le dispensaire / l'hôpital le plus proche ?

Tenho dores de cabeça.
J'ai des maux de tête.

Estou constipado / a.
Je suis enrhumé / e.

Sinto uma dor aqui.
Je sens une douleur ici.

Preciso de um remédio contra a gripe.
J'ai besoin d'un médicament contre la grippe.

a dor	la douleur
dores de cabeça	maux de tête
dor de dentes	mal aux dents
a tosse	la toux
náuseas	nausées
febre	fièvre
queimaduras de sol	coups de soleil

Tenho dores de cabeça.

O corpo	**Le corps**
o braço	le bras
a mão	la main
o pé	le pied
os dedos da mão / do pé	les doigts de main / de pied
a perna	la jambe
a cabeça	la tête
o pescoço	le cou
o nariz	le nez
o queixo	le menton
o pulso	le poignet, le pouls
o joelho	le genou
a boca	la bouche
os olhos	les yeux
a orelha	l'oreille
o rosto	le visage
os cabelos	les cheveux
as costas	le dos
o cotovelo	le coude
o ombro	l'épaule
o coração	le cœur
o músculo	le muscle
o estômago	l'estomac
os intestinos	les intestins
a garganta	la gorge
a barriga	le ventre
as costelas	les côtes
os ossos	les os
o fígado	le foie
a bexiga	la vessie
a urina	l'urine
coluna vertebral	la colonne vertébrale
a língua	la langue
a testa	le front

Dói-me... J'ai mal...

Si vous n'arrivez pas à vous faire comprendre en portugais, essayez le français. Il y a pas mal de Portugais qui le parlent ou, tout au moins, le comprennent.

As doenças	**Les maladies**
o / a doente	le / la malade
partido	cassé
infecção	infection
apendicite	appendicite
tonturas	vertiges, étourdissements
diarreia	diarrhée
alergia	allergie
caîbras	crampes
grávida	enceinte
ferida	blessure
acidente	accident
vomitar	vomir
sinto-me mal	je me sens mal
não me sinto bem	je ne me sens pas bien
distensão	distension
picada de insecto	piqûre d'insecte
corte	coupure
inchaço	enflure
acidente	accident
insolação	insolation
termómetro	thermomètre
temperatura alta / baixa	température haute / basse
tomar a temperatura	prendre la température
médico	médecin

Tratamento	**Traitement**
radiografia	radiographie
anestesia	anesthésie
tomar remédios / medicamentos	prendre des médicaments
injecção	injection, piqûre
uma operação	une opération
o gesso	le plâtre
ligadura	bandage

Remédios / Medicamentos	**Médicaments**
receitar	faire une ordonnance
tomar um remédio	prendre un médicament
dose	dose
pomada	pommade
comprimido	cachet
engolir	avaler
xarope	sirop
mastigar	mâcher
chupar	sucer
sipositórios	suppositoires
antes / depois das refeições	avant / après les repas
de manhã	le matin
pastilhas	pastilles
á tarde	l'après-midi
à noite	le soir
três vezes ao dia	trois fois pendant la journée
colher de chá	cuiller à thé
colher de sopa	cuiller à potage
com um copo de água	avec un verre d'eau
fricção	friction, frottement

Os dentes	**Les dents**
dor de dentes	mal aux dents
este dente dói-me	cette dent me fait mal
dentista	dentiste
arrancar um dente	arracher une dent
temporário	temporaire
provisório	provisoire
definitivo	définitif
dentadura	dentier
chumbar um dente	plomber une dent
com / sem anestesia	avec / sans anesthésie

Oculista	**Oculiste, opticien**
óculos	lunettes
óculos de sol	lunettes de soleil
lentes	verres
lentes de contacto	verres de contact
míope	myope
presbíope	presbyte
diopterias	dioptries
armações	montures

Sabe onde posso encontrar um médico?
Savez-vous où je peux trouver un médecin ?

Pode indicar-me uma farmácia?
Pouvez-vous m'indiquer une pharmacie ?

O hospital fica muito longe?
L'hôpital reste très loin ?
L'hôpital est très loin ?

É preciso chamar uma ambulância.
Il faut appeler une ambulance.

Onde é que dói? — **– Dói-me a barriga.**
Où est que fait mal ?
Où est-ce que ça fait mal ? — – J'ai mal au ventre.

O meu amigo teve um acidente.
Mon ami a eu un accident.

Pode chamar um médico / uma ambulância?
Pouvez-vous appeler un médecin / une ambulance ?

Qual é o número de telefono dos Serviços de Urgência SOS?
Quel est le numéro de téléphone des services d'urgence ?

É o 115. — C'est le 115.

Telefone à embaixada francesa, se faz favor.
Téléphonez à l'ambassade de France, s.v.p.

Preciso de **ajuda.**
J'ai besoin d'aide.

Socorro! Estou ferida.
Au secours ! Je suis blessée.

Preciso de uma maca.
J'ai besoin d'un brancard.

Se donner rendez-vous, être invité

Si vous vous faites des amis au Portugal – ce qui est fort probable –, ils vous inviteront sûrement à dîner, soit chez eux, soit dans un restaurant. En principe, et surtout si vous ne connaissez pas l'endroit où vous êtes, ils viendront certainement vous prendre à l'hôtel ou ailleurs, à votre convenance. Si vous allez prendre un repas chez des amis, vous pouvez leur apporter une bonne bouteille de vin ou des fleurs... ou, bien sûr, les deux. Mais ce n'est pas du tout obligatoire.

– Vamos marcar um encontro.
– Allons marquer un rendez-vous
– On va se donner rendez-vous.

– Está bem. Mas quando é que nos encontramos ?
– Est bien. Mais quand est qu'on se rencontre ?
– D'accord. Mais quand est-ce qu'on se rencontre ?

– Queres vir jantar a minha casa amanhã?
– Veux venir dîner chez moi demain ?
– Est-ce que tu veux venir dîner chez moi demain ?

– Amanhã não posso. Tenho outro encontro.
– Demain je ne peux pas. J'ai un autre rendez-vous.

– Então, vamos marcar um encontro para depois de amanhã.
– Alors, on va se donner rendez-vous pour après-demain.

– Muito bem. E em que sítio?
– Très bien. Et à quel endroit ?

– Diante do café... às 8 horas.
– Devant le café... à 8 heures.

– Queres tomar alguma coisa antes do jantar?
– Veux prendre quelque chose avant de dîner
– Est-ce que tu veux prendre quelque chose avant le dîner ?

– Não, obrigado. Tenho fome.
– Non, merci. J'ai faim.

– Então, vamos passar já à mesa.
– Alors, on passe tout de suite à table.

– Preferes vinho branco ou tinto com a refeição?
– Préfères vin blanc ou rouge avec le repas ?
– Est-ce que tu préfères du blanc ou du rouge avec le repas ?

– Depende. Vamos comer peixe ou carne?
– Dépend. Allons manger poisson ou viande ?
– Ça dépend. On va manger du poisson ou de la viande ?

– Vamos comer bacalhau, mas, para nós, o bacalhau é um mamífero.
– Allons manger morue, mais, pour nous, la morue est un mammifère.
– On va manger de la morue, mais, pour nous, la morue est un mammifère.

– Serve-te mais.
– Sers-toi plus
– Sers-toi davantage / Reprends-en.

– A comida está muito boa, mas não posso mais.
– La nourriture est très bonne, mais je n'en peux plus.

Quelques expressions courantes

tanto melhor
tant mieux

tanto pior
tant pis

um tanto ou quanto
un tantinet

ficar de boca aberta
être bouche bée

estar de acordo
être d'accord

achar graça
trouver amusant

que tal acha?
qu'en pensez-vous ? / qu'en dites-vous ?

uma carga de água
une averse

estar como peixe na água
être comme un coq en pâte / être heureux comme un poisson dans l'eau

roer a corda
manquer de parole

encontrar-se em apuros
se trouver dans l'embarras

de agora em diante
dorénavant

Les insultes

Les Portugais s'énervent facilement, mais ils ne sont pas rancuniers et s'il leur arrive de s'injurier, cela ne prend que très rarement mauvaise tournure... Bien que le peuple portugais ne soit pas particulièrement impoli, l'argot est néanmoins très grossier et les gens y ont souvent recours. Aussi vous sera-t-il utile de connaître certaines expressions, dont voici quelques-unes parmi les plus chastes :

Que chatice!
Quelle corvée!

Porra!
Zut !

Cabrão!
Cocu !

Vai lamber sabão
Va lécher savon
Va lécher du savon.

Le portugais du Brésil

À la différence des Portugais qui sont formels dans leur façon de s'exprimer, les Brésiliens sont beaucoup plus décontractés et imagés : ils tutoient la langue portugaise, tandis que les Portugais la vouvoient. Les feuilletons brésiliens qui passent constamment à la télévision portugaise sont en train d'influencer les expressions portugaises dans une sorte de colonisation à rebours. En théorie, le portugais parlé au Portugal ou au Brésil est le même, à part quelques mots, beaucoup d'expressions et, surtout, l'accent. Il est difficile pour un Brésilien de comprendre l'accent portugais, beaucoup plus fermé, mais, parfois, il est bien plus difficile encore pour un Portugais de comprendre ce que dit l'un de ses compatriotes venu d'une autre province. On peut presque dire que le Portugal et le Brésil sont deux pays séparés par la même langue.

Le portugais de poche

vous a donné envie d'aller plus loin ?

ASSiMiL®

vous propose sa méthode

"le nouveau portugais sans peine"

elle vous permettra d'acquérir
le niveau de la conversation courante
dans un portugais vivant et actuel
grâce à son principe unique

l'assimilation intuitive

Découvrez ce principe à la page suivante.

L'ASSIMILATION INTUITIVE

Comment avez-vous appris à parler ? En fait, vous ne le savez pas vous-même. Vous avez écouté, compris progressivement vos parents, et peu à peu, après avoir assimilé la signification des sons, puis des mots, puis des associations de mots, vous vous êtes lancé et avez commencé à émettre des sons, des mots, des phrases.

C'est ce processus évident qu'**ASSIMIL** applique en l'adaptant, bien sûr, à l'intelligence de l'adolescent ou de l'adulte.

Dans un premier temps, nous vous familiariserons directement avec la langue étudiée. Cette immersion est quotidienne et demande 20 à 30 minutes d'attention. À partir de la moitié du livre, vous serez dans la situation de l'enfant qui a accumulé assez de vocabulaire et d'automatismes ; comme lui, vous commencerez à concevoir et à former des phrases en reprenant de façon active le début du cours.

Et, à votre émerveillement, cela sera évident, facile ! Vous aurez alors assimilé et vous commencerez à penser spontanément dans la langue étudiée.

Vous continuerez alors cette phase active jusqu'à la dernière leçon. Ainsi un livre de 100 leçons sera assimilé en cinq mois environ . Le résultat sera une langue bien apprise, bien assimilée, que vous pourrez utiliser et développer sans efforts ni hésitations.

Dictionnaires

Domingos DE AZEVEDO : *Grande Dicionário de português-francês / francês-português*, Lisboa, Bertrand Editora.

Dictionnaire français-portugais / portugais-français, Paris, Larousse.

Petit dictionnaire français-portugais / portugais-français, Paris, Larousse.

Dicionário de Bolso de português-francês / francês-português, Lisboa, Bertrand Editora.

Guides

Une semaine au Portugal, Paris, Hachette Tourisme, 1997.

Au Portugal et à Madère, Paris, Hachette, Guides Visa.

Portugal-Madère-Açores, Paris, Guides Michelin.

Lisbonne, Paris, Berlitz-Guides de voyage

LEXIQUES

Nos deux lexiques ne prétendent pas être exhaustifs – vous y trouverez le vocabulaire de base. N'hésitez pas, en complément, à vous procurer un petit dictionnaire.

Portugais - Français

A

a	la
à direita	à droite
à esquerda	à gauche
aberto	ouvert
abraço	accolade
abre-latas	ouvre-boîtes
abrir	ouvrir
acaso	hasard
achar	trouver, croire
acidente	accident
acompanhar	accompagner
acordar	réveiller
advogado	avocat (profession)
agência de viagens	agence de voyages
agora	maintenant
agora mesmo	tout de suite
água	eau
agulha	aiguille
ainda	encore
ajuda	aide
aldeia	village
alfândega	douane
algodão	coton
alguém	quelqu'un
algum	quelque
alguma coisa	quelque chose
alimentação	nourriture
almoço	déjeuner
alto	haut
altura	hauteur
alugar	louer
amanhã	demain
amar	aimer
amarelo	jaune
ambos	tous les deux
amiga	amie
amigo	ami
amor	amour
amável	aimable, gentil
animal	animal
aniversário	anniversaire
ano	année
antes	avant
ao menos	au moins
apanhar	ramasser
apelido	nom de famille
apresentar	présenter
apressado	pressé
aqui	ici
ar	air
areia	sable
árvore	arbre
assim	ainsi
assinatura	signature
até	jusque
atrasar	retarder
atrasar-se	être en retard
atraso	retard
autocarro	voiture
avante	en avant
ave	oiseau
avaria	panne
avisar	avertir
aviso	avis
avô	grand-père
avó	grand-mère
azul	bleu

B

baixa-mar	marée basse
baixo	bas
em baixo	au-dessous
balança	balance
banco	banc
banco	banque
banho	bain
barato	bon marché
barco	bateau
barulho	bruit

bastante	suffisant
baía	baie
beber	boire
bebida	boisson
beijo	baiser (m)
belga	Belge (m et f)
Bélgica	Belgique
belo	beau
bicicleta	vélo
billhete	billet, ticket
boca	bouche
bolsa	sac à main
bolso	poche
bonito	joli
branco	blanc
breve	bref
brevemente	bientôt
brincadeira	plaisanterie
brincar	jouer
Bruxelas	Bruxelles
buraco	trou

C

cabeça	tête
cada	chaque
cada vez	chaque fois
cadeira	chaise
caderno	cahier
cair	tomber
caixa	boîte
caixa	caisse
calcular	calculer
cálculo	calcul
calmo	calme
calor	chaleur
cama	lit
câmbio	change
caminho	chemin
campainha	sonnette
campismo	camping
Canadá	Canada
canadiana	Canadienne
canadiano	Canadien
cansado	fatigué
cantar	chanter
canção	chanson
cara	visage
carne	viande
caro	cher
carro	voiture
carta	lettre
carteira	portefeuille
carteiro	facteur
casa	maison
casa de banho	salle de bains
casado	marié
casal	couple
castanho	marron
castigo	punition
cautela	précaution
cedo	tôt
cão	chien
certo	certain
cerveja	bière
chamada	appel
chamar	appeler
charuto	cigare
chave	clé
chegada	arrivée
chegar	arriver
cheio	plein
cheirar	flairer
cheiro	odeur
chorar	pleurer
chuva	pluie
chuveiro	douche
chá	thé
cidade	ville
cigarro	cigarette
claro	clair
cobertor	couverture
cobrir	couvrir
coisa	chose
com	avec
combinar	combiner, accorder
comboio	train
comer	manger
começar	commencer
comida	nourriture
cómodo	commode
comprar	acheter
compreender	comprendre
comprido	long
confiança	confiance
conhecer	connaître
conhecido	connu
conselho	conseil
constipação	rhume
conta	addition
contar	compter, raconter

contente	content
continuar	continuer
contracto	contrat
conversa	conversation
conversar	causer
cor	couleur
coração	cœur
corpo	corps
correio	poste, courrier
corrente	courant, chaîne
costa	côte
costas	dos
cozinhar	cuisiner
crer	croire
criança	enfant
culpa	faute
culpado	coupable
cumprimentar	saluer
curto	court
custar	coûter
custo	coût, prix

D

dança	danse
dançar	danser
data	date
de acordo	d'accord
de repente	tout à coup
deixar	laisser, quitter
dente	dent
dentro	dedans
depois	après
depressa	vite
descer	descendre
desconto	décompte, réduction
desculpar	excuser, pardonner
desculpar-se	s'excuser
desde	dès, depuis
desejar	souhaiter
desejo	désir
despertar	réveiller
destino	destin
desviar	détourner
desvio	détour
dever	devoir
dia	jour
diante de	devant
diferença	différence
difícil	difficile
dinheiro	argent
distância	distance
dívida	dette
dizer	dire
doente	malade
doer	avoir mal
doido	fou
dor	douleur
durante	pendant
dúvida	doute

E

edifício	bâtiment
efeito	effet, résultat
eleições	élections
em	en, à, au
em baixo	au-dessous
em casa	à la maison
em casa de	chez...
em cima	au-dessus, sur
em frente de	en face de, devant
em vez de	au lieu de
embaixada	ambassade
embrulhar	empaqueter, envelopper
empregado	employé
emprestar	preter
encarnado	rouge
encher	remplir
encomenda	colis
encomendar	commander
encontrar	trouver
encontro	rencontre, rendez-vous
endereço	adresse
enganar(-se)	tromper, se tromper
então	alors, lors
entrada	entrée
entrar	entrer
entre	entre
envelope	enveloppe
enviar	envoyer
erro	erreur
escrever	écrire
escritório	bureau
escapar	échapper
escuro	sombre
espelho	miroir
esperar	attendre

metade	moitié
minuto	minute
mochila	sac à dos
moeda	pièce (d'argent)
molhado	mouillé
montanha	montagne
monte	mont
Montreal	Montréal
morar	habiter
morrer	mourir
morte	mort
morto	mort, trépassé
mosca	mouche
mosquito	moustique
motor	moteur
motorista	chauffeur
mudar	changer
muito	beaucoup
mulher	femme
multa	amende
mundo	monde
música	musique
máquina	machine
máquina fotográfica	appareil photo

N

nada	rien
nadar	nager
nascer	naître
nascido	né
natureza	nature
nação	nation
necessidade	besoin
não	non, ne... pas
não ter razão	ne pas avoir raison
neto	petit-fils
nevoeiro	brouillard, brume
ninguém	personne
noite	nuit
noivo	fiancé
nome	nom
normal	normal
norte	nord
notícia	nouvelle
novidade	nouveauté
novo	neuf
número	nombre, numéro
numeroso	nombreux
nunca	jamais
nuvem	nuage

O

obrigação	obligation
obrigado	obligé, merci
óculos	lunettes
ocupado	occupé
oeste	ouest
oferecer	offrir
oferta	cadeau
oficina	atelier
olhar	regarder
olho	œil
ontem	hier
opinião	opinion
ordem	ordre
orelha	oreille
ou	ou
ouvir	écouter
outono	automne
outra vez	encore une fois
outro	autre
ovo	œuf

P

paciência	patience
pagamento	paiement
pagar	payer
pai	père
pais	parents
palavra	mot
papel	papier
para	pour, à
paragem	arrêt
parar	arrêter
parque	parc
parque de estacionamento	parking
parte	part, partie
partida	départ
partir	partir
passado	passé
passageiro	passager
passagem	passage
passaporte	passeport
passar	passer
paz	paix
pedido	demande
pedir	demander
pedra	pierre
peixe	poisson
pele	peau, fourrure

pelo menos	au moins
pensar (em)	penser (à)
pão	pain
pequeno	petit
pequeno almoço	petit déjeuner
perder	perdre
pergunta	question
perguntar	demander
perigo	danger
perigoso	dangereux
permitir	permettre
perto	près, proche
pesado	lourd
pescador	pêcheur
pescar	pêcher
peso	poids
pessoa	personne
peça	pièce
picada	piqûre
picar	piquer
piscina	piscine
planta	plante
profissão	profession, métier
proibido	défendu
prolongar	prolonger
pronto	prêt, prompt
pronúncia	prononciation
proposta	proposition
proprietário	propriétaire
próximo	prochain
puxar	tirer
pássaro	oiseau
pátria	patrie

Q

qualidade	qualité
quando	quand
quarto	chambre
quase	presque
queijo	fromage
quente	chaud
querer	vouloir
quieto	tranquille, paisible
quilo	kilo
quinta	ferme

R

rapariga	jeune fille
rapaz	garçon
rebocar	remorquer
receber	recevoir
recibo	reçu
redução	réduction
refeição	repas
refresco	rafraîchissement
região	région
relógio	montre, horloge
reparação	réparation
rés-do-chão	rez-de-chaussée
reservar	réserver
responder	répondre
resposta	réponse
restaurante	restaurant
rico	riche
rio	fleuve
rir	rire
roubar	voler, dévaliser
roubo	vol
rua	rue
rápido	rapide

S

saber	savoir
sabonete	savon
saboroso	savoureux
saco	sac
salvar	sauver
sapato	chaussure
saúde	santé
saída	sortie
se faz favor	s'il vous plaît
seco	sec
sede	soif
segurar	tenir
seguro	assurance
selo	timbre
sem valor	sans valeur
sempre	toujours
senhora	dame
senhor	monsieur
sentir	sentir
ser	être
serra	chaîne de montagnes, scie
serviço	service
sim	oui
situação	situation
só	seul, solitaire
sobre	sur
sobrinha	nièce

sobrinho	neveu
sol	soleil
solteiro	célibataire
som	son
sombra	ombre
sozinho	seul
suave	doux
subir	monter
Suiça	Suisse (pays)
suiça	Suissesse
suiço	Suisse (habitant)
sujo	sale
sul	sud

T

tabaco	tabac
talvez	peut-être
também	aussi
tarde	tard, après-midi
telefonar	téléphoner
telefone	téléphone
televisão	télévision
telhado	toit
tempestade	tempête
tempo	temps
tenda	tente
ter de	avoir à, devoir, falloir
ter fome	avoir faim
ter frio	avoir froid
ter pressa	être pressé
ter sede	avoir soif
terminar	terminer
testemunha	témoin
testemunhar	témoigner
tia	tante
tio	oncle
tiro	tir
tomar	prendre
tomar banho	prendre un bain
trabalhar	travailler
trabalho	travail
traduzir	traduire
tranquilo	tranquille
transferir	transférer
trânsito	circulation, transit
transportar	transporter
trazer	apporter
triste	triste
trocar	échanger, changer, faire de la monnaie
troco	monnaie
trovoada	tonnerre
tudo	tout

U

uma dúzia	une douzaine
um pouco	un petit peu
único	unique
urgente	urgent
usar	user
útil	utile

V

valor	valeur
vela	bougie, voile de bateau
velho	vieux
velocidade	vitesse
vender	vendre
veneno	poison
vento	vent
ver	voir
verdade	vérité
verde	vert
vermelho	rouge
vestido	robe
vestuário	vêtement, habits
viagem	voyage
vida	vie
vir	venir
visita	visite
visitar	visiter
vista	vue
vista	paysage
viver	vivre
vizinho	voisin
volta	retour
volta (dar uma)	faire un tour
voltar para trás	retourner
válido	valide

Français – Portugais

A	
à	a
à côté de	ao lado de
à droite	à direita
à gauche	à esquerda
à la maison	em casa
à peine	apenas
à temps	a tempo
abîmé	estragado
accident	acidente
acheter	comprar
addition	conta, soma
aéroport	aeroporto
affectueux	afectuoso
agréable	agradável
agriculture	agricultura
aider	ajudar
aimable	amável
aimer	amar, gostar
air	ar
aller	ir
allumer	acender
alors	então
améliorer	melhorar
ami/e	amigo/a
an, année	ano
ancien	antigo
animal	animal
anniversaire	aniversário
annoter	anotar
appeler	chamar
(s')appeler	chamar-se
apporter	trazer
apprendre	aprender
après	depois (de)
après-demain	depois de amanhã
après-midi	tarde
araignée	aranha
arbre	árvore
argent	dinheito, prata
armoire	armário
arranger	arranjar
arrêt	paragem
arrêter de	deixar de
arriver	chegar
ascenseur	elevador
aspect	aspecto
asseoir	sentar
assez	suficiente
assiette	prato
atelier	atelier, oficina
attendre	esperar
attention	cuidado
au moins	pelo menos
au revoir	até logo
au total	no total
aucun	nenhum
aujourd'hui	hoje
aussi	também
autant	tanto
authentique	autêntico
autobus	autocarro
automne	outono
autoroute	estrada
autre	outro/a
autrement	de outro modo
avant	antes
avec	com
avec moi	comigo
avec plaisir	com prazer
avec toi	contigo
avenue	avenida
avion	avião
avoir	ter
avoir besoin	ter necessidade
B	
baiser	beijo
balle	bola
banc	banco
banque	banco
bas	baixo, meias
bateau	barco
bâtiment	edifício, prédio
bavarder	conversar
beaucoup	muito
Belge (m et f)	belga
Belgique	Bélgica
besoin	necessidade
beurre	manteiga
bien	bem
bientôt	em breve
bière	cerveja
bistrot	taberna

blanc	branco
bleu	azul
blond/e	louro/a
boire	beber
bois	madeira, bosque
boîte	caixa
bon	bom
bon marché	barato
bonheur	felicidade
boucherie	talho
bougie	vela
boulangerie	padaria
bouteille	garrafa
boutique	loja
brosse	escova
bruit	barulho, ruido
brun	castanho, moreno
Bruxelles	Bruxelas
bureau	escritório, secretária

C

ça	isso
ça va	está bem
cadeau	presente
café	café
caisse	caixa
calamar	lula
Canada	Canadá
Canadien	canadiano
Canadienne	canadiana
canif	canivete
cannelle	canela
capitale	capital
carré	quadrado
carte postale	postal
cassé	partido
ce que	o que
ceci	isto
ceinture	cinto
cela	aquilo
celui-là	aquele
celle-là	aquela
cendrier	cinzeiro
centre	centro
certain	certo
chaise	cadeira
chaleur	calor
chambre	quarto
chance	sorte
champ	campo
changer	mudar
chanson	canção
chanter	cantar
chapeau	chapéu
chaque	cada
chat	gato
château	castelo
chaud	quente
chauffage	aquecimento
chaussettes	peúgas, meias
chaussures	sapatos
chemin	caminho
chemise	camisa
chèque	cheque
cher	caro
chercher	procurar
cheveux	cabelos
chien	cão
chose	coisa
cigarette	cigarro
citron	limão
clair	claro
clé	chave
clou	prego
cœur	coração
combien	quanto
combien de	quantos/as
comestible	comestível
comme	como
comme ça	assim
commencer	começar
comment	como
commode	cómodo
complet	completo
comprendre	compreender
compter	contar
conduire	conduzir
confiture	doce de fruta
connaître	conhecer
connu	conhecido
consulat	consulado
content	contente
continuer	continuar
contrat	contrato
convaincre	convencer
costume	fato
côté	lado
côte	costela, costa
côtelette	costeleta

couleur	cor
coup	golpe
cours	curso
courtois	delicado
couteau	faca
coûter	custar
couvert	talher
couverture	manta, cobertor
crayon	lápis
crier	gritar
croire	acreditar
cuiller	colher
cuir	cabedal
cuisine	cozinha

D

d'accord	de acordo, está bem
dame	senhora
danger	perigo
dangereux	perigoso
dans	em
danse	dança, baile
davantage	mais
de	de
de cette façon	desta maneira
de rien	de nada
décembre	dezembro
décevoir	desiludir
dedans	dentro
dehors	fora
déjà	já
demain	amanhã
demander	pedir, perguntar
demoiselle	menina
dent	dente
dentiste	dentista
dépenser	gastar
depuis	desde
dernier	último
derrière	atrás
descendre	descer
désirer	desejar
dessert	sobremesa
dessin	desenho
destin	destino
devant	diante
devoir	dever
dieu	deus
différence	diferença
difficile	difícil
dimanche	domingo
dîner	jantar
dire	dizer
direction	direcção
disque	disco
distrait	distraído
doigt	dedo
dommage	pena
donc	pois
donner	dar
dormir	dormir
double	duplo
douche	duche
douleur	dor
doute	dúvida
drap	lençol
dur	duro

E

eau	água
école	escola
écrire	escrever
égal	igual
église	igreja
élève	aluno
elle	ela
employé	empregado
emporter	levar
en	em
en face	em frente
en haut	acima, em cima
enchanté	encantado
encore	ainda
encore une fois	mais uma vez
endroit	sítio
enfin	enfim, finalmente
enlever	tirar
ennuyeux	aborrecido
ensemble	junto, conjunto
ensuite	a seguir
entendre	ouvir
entier	inteiro
entre	entre
entrée	entrada
entrer	entrar
enveloppe	envelope
envoyer	enviar
espèce	espécie
essayer	tentar
essayer	provar

essence	gasolina
et	e
étage	andar
été	verão
éteindre	apagar
étranger	estrangeiro
être	ser, estar
étroit	estreito
étudier	estudar
européen	europeu
examen	exame
excellent	excelente
excursion	excursão
expérience	experiência
expliquer	explicar
exporter	exportar

F

facile	fácil
faim	fome
faire	fazer
faire la vaisselle	lavar a louça
faire mal	magoar
faire une promenade	dar um passeio
farine	farinha
fatigué	cansado
faute	falta, culpa
fauteuil	poltrona
faveur	favor
féliciter	felicitar
femme	mulher
fenêtre	janela
fermer	fechar
feu	fogo
feuille	folha
février	fevereiro
fiancé	noivo
fièvre	febre
fille	filha, rapariga
fils	filho
fin (n)	fim
fin (adj)	fino
fleur	flor
fois	vez
fonctionner	funcionar
fontaine	fonte
forêt	floresta
fort	forte
fou	maluco, louco
fourchette	garfo
fraise	morango
France	França
Français	francês
Française	francesa
frère	irmão
frit	frito
froid	frio
fromage	queijo
fruit	fruto, fruta
fumer	fumar

G

gagner	ganhar
garage	garagem
garçon	rapaz
gare	gare, estação
garer	estacionar
gâteau	bolo
gauche	esquerda
genou	joelho
gens	gente
glace	gelado, espelho
goût	gosto
goûter	provar
goutte	gota
graisse	gordura
grand	grande
gris	conzento
gros	gordo

H

haricot	feijão
haut	alto
heure	hora
heureux	feliz
hier	ontem
hiver	inverno
homme	homem
hôpital	hospital
hôte	hóspede
huile	óleo
huile d'olive	azeite
humide	húmido

I

ici	aqui
il	ele
il faut	é preciso
il s'agit de	trata-se de

il y a	há
île	ilha
important	importante
importer	importar
impossible	impossível
impôts	impostos
impression	impressão
inclus	incluído
incommoder	incomodar
intention	intenção
interdire	proibir
interview	entrevista
invitation	convite
inviter	convidar

J

jamais	nunca
jambon	fiambre
janvier	janeiro
jardin	jardim
jaune	amarelo
je	eu
jeter	lançar
jeudi	quinta-feira
jeune	jovem
jeune homme	rapaz
joie	alegria
joli	bonito
jouer (instrument)	brincar, tocar
jour	dia
journal	jornal
jupe	saia
jus	sumo
jusqu'à	até

L

la	a
là	aí
là-bas	ali
lac	lago
laid	feio
laine	lã
laisser	deixar
lait	leite
lampe	candeeiro, lâmpada
large	largo
lavabo	lavabo, lavatório
le	o
léger	leve
légumes	legumes
lent	lento
lentement	lentamente
lequel	o qual
lettre	carta
libre	livre
lire	ler
lit	cama
litre	litro
livre	livro
loin	longe
long	comprido, longo
longtemps	muito tempo
louer	alugar
lourd	pesado
lumière	luz
lunettes	óculos
lutter	lutar

M

machine	máquina
main	mão
maintenant	agora
mais	mas
maison	casa
mal	mal
malade	doente
malheureux	infeliz
malheureusement	infelizmente
manger	comer
manquer	faltar
manteau	manto, casaco de senhora
marché	mercado
marcher	andar
mardi	terça-feira
mari	marido
mariage	casamento
marié	casado
marron	castanho
matin	manhã
me	me
médecin	médico
meilleur	melhor
même	mesmo
mer	mar
merci	obrigado, a
mercredi	quarta-feira
mère	mãe
mettre	pôr, meter

meuble	móvel
miel	mel
mieux	melhor
moins	menos
mois	mês
moitié	metade
monde	mundo
monnaie	troco
monsieur	senhor
montagne	montanha
monter	subir
montre	relógio
Montréal	Montreal
montrer	mostrar
morceau	bocado
mot	palavra
moto	mota
mouchoir	lenço
mourir	morrer
mur	parede, muro
musée	museu

N

nager	nadar
naître	nascer
nécessaire	necessário
neige	neve
nettoyer	limpar
neuf	novo
nez	nariz
Noël	Natal
noir	negro, preto
nom	nome
nom de famille	apelido
nombre	número
non	não
non plus	também não
nord	norte
nourriture	comida
nous	nós
nouveau	novo
nouvelle	notícia
nuage	núvem
nuit	noite
numéro	número

O

œil	olho
œuf	ovo
oignon	cebola
oiseau	pássaro
ombre	sombra
oncle	tio
opinion	opinião
opportunité	oportunidade
ordonnance	receita
oreille	orelha
orteil	dedo do pé
où	onde
oublier	esquecer
ouest	oeste
oui	sim
ouvrier	operário
ouvrir	abrir

P

paille	palha
pain	pão
pantalon	calças
papier	papel
Pâques	Páscoa
paquet	embrulho
par exemple	por exemplo
parapluie	guarda-chuva
parasol	sombrinha
parc	parque
parce que	porque
pardon	perdão
pardonner	perdoar, desculpar
parents	pais, parentes
parfois	às vezes
parking	estacionamento, parque de estacionamento
parler	falar
parole	palavra
partie	parte
partir	partir
pas, ne pas	não
passé	passado
passeport	passaporte
passer	passar
patron	patrão
pauvre	pobre
payer	pagar
pays	país
paysage	paisagem
peau	pele
pêche	pêssego
pêcher	pescar

peigne	pente
peignoir	roupão
peindre	pintar
peine	pena
perdre	perder
père	pai
permettre	permitir
permis (de conduire)	carta de condução
persil	salsa
personne	pessoa, ninguém
petit	pequeno
petit déjeuner	pequeno-almoço
petit pois	ervilha
peu	pouco
peut-être	talvez
phare	farol
pharmacie	farmácia
photo	fotografia
pied	pé
pigeon	pombo
piquant	picante
pire	pior
piscine	piscina
place	lugar
plage	praia
paire	agradar
plein	cheio
pleurer	chorar
pleuvoir	chover
plus ou moins	mais ou menos
pourquoi	porquê
prix	preço
prochain	próximo
promenade	passeio
promener (se)	passear
promettre	prometer
propre	limpo
protester	protestar

Q

quai	cais
quand	quando
que	que
quelque chose	alguma coisa
quelques	alguns, uns
quelqu'un	alguém
queue	bicha
qui	quem
quoi	quê

R

raconter	contar
rafraîchissement	refresco
raisin	uva
raison	razão
ramasser	apanhar
rapide	rápido
recette	receita
recevoir	receber
recommander	recomendar
refaire	refazer
réfrigérateur	frigorífico
regarder	olhar
région	região
regretter	lamentar
rencontrer	encontrar
rendez-vous	encontro
repas	refeição
répéter	repetir
répondre	responder
ressemblant	parecido
ressentir	sentir
rester	ficar
retard	atraso
retour	regresso
retourner	voltar
revue	revista
riche	rico
rien	nada
rire	rir
rivière, fleuve	rio
riz	arroz
robe	vestido
roi	rei
rond	redondo
rôti	assado
rouge	vermelho
rouge à lèvres	batom
route	estrada
rue	rua

S

sa, son	seu
sac	bolsa, saco
salade	salada
sale	sujo
salle	sala
salle de bains	casa de banho
salon de coiffure	cabeleireiro
saluer	cumprimentar

samedi	sábado
sans	sem
santé	saúde
savoir	saber
savon	sabonete, sabão
seau	balde
sec	seco
secret	segredo, secreto
sel	sal
semaine	semana
sembler	parecer
sentir	sentir
serviette	toalha
si	se
signer	assinar
simple	simples
situation	situação
sœur	irmã
soif	sede
soir	tarde
sol	solo, chão
soleil	sol
solution	solução
sortie	saída
sortir	sair
souhaiter	desejar
soupe	sopa
source	fonte
sourd	surdo
sous	sob. debaixo de
souvenir	lembrança
souvent	muitas vewes
spécial	especial
sport	desporto
sucre	açúcar
sud	sul
suffire	bastar
suffisant	suficiente
Suisse (pays)	Suiça
Suisse (f)	suiça
Suisse (m)	suiço
suivant	seguinte
suivre	seguir
sur	sobre

T

table	mesa
tableau	quadro
taille	tamanho, cintura
tant	tanto
tante	tia
tapis	tapete
tard	tarde
tasse	chávena
témoin	testemunha
temps	tempo
tente	tenda
terminer	terminar
tête	cabeça
théâtre	teatro
timbre	selo
tirer	puxar
tiroir	gaveta
tomate	tomate
tomber	cair
tôt	cedo
toucher	tocar
toujours	sempre
tous	todos
tout	tudo
tout de suite	imediatamente
train	comboio
tranquille	tranquilo
travail	trabalho
travailler	trabalhar
très	muito
triste	triste
trop	demasiado, demais
trouver	encontrar, achar
tu	tu
tuer	matar

U

un	um
unir	unir
unique	único
urgent	urgente
user	usar
utiliser	utilisar
utile	útil

V

vacances	férias
vaisselle	louça
valise	mala
vendre	vender
vendredi	sexta-feira
venir	vir
vent	vento
vérité	verdade

verre	copo	vin	vinho
vert	verde	visage	rosto
veste	casaco	visiter	visitar
vêtements	roupa	vite	depressa
viande	carne	vivre	viver
vide	vazio	voir	ver
vie	vida	voiture	carro
vieille	velha	vouloir	querer
vieux	velho	vous	você
village	aldeia	voyage	viagem
ville	cidade	voyager	viajar

N° édition 1486: Guide LE PORTUGAIS de poche

Achevé d'imprimer en janvier 1999
sur les presses de l'Imprimerie De Beurs à Anvers.